休闲体育理论透析及其
产业化发展与运作研究

邹　巍◎著

吉林出版集团股份有限公司

图书在版编目（CIP）数据

休闲体育理论透析及其产业化发展与运作研究 / 邹巍
著. — 长春：吉林出版集团股份有限公司，2021.11
ISBN 978-7-5731-0650-6

Ⅰ. ①休… Ⅱ. ①邹… Ⅲ. ①休闲体育－体育产业－
产业发展－研究－中国 Ⅳ. ①G812.4.

中国版本图书馆 CIP 数据核字（2021）第 234842 号

休闲体育理论透析及其产业化发展与运作研究

著　者	邹　巍
责任编辑	王　平
封面设计	牧野春晖
开　本	710mm×1000mm　1/16
字　数	210 千
印　张	12
版　次	2023 年 3 月第 1 版
印　次	2023 年 3 月第 1 次印刷

出版发行	吉林出版集团股份有限公司
电　话	总编办：010-63109269
	发行部：010-63109269
印　刷	北京市兴怀印刷厂

ISBN 978-7-5731-0650-6　　　　　　　　　　　定价：79.00 元

前　言

　　21世纪，随着社会生产率的进一步提高，人们生活时间普遍重新分配，休闲问题就成了任何人都无法回避的并具有广泛意义的国际性问题。正是在这样一个背景中，休闲体育伴随着经济、社会的发展而发展，成为小康社会经济实力和社会进步程度的鲜明象征。

　　休闲体育的产业化发展与经济产业支撑有着基础性联系，以经济建设为导向推动休闲体育产业发展，是休闲体育产业化推进的关键部分。随着我国对第三产业发展重视程度的逐渐提高，从产业化角度对体育文化体系进行优化，对更好地调整第三产业布局，加强体育文化发展综合水平，均有着不可替代的重要作用。尤其在社会体育文化兴起的时代浪潮中，以社会体育为载体带动休闲体育产业化实践，可以为后续阶段休闲体育行业发展体系完善提供有力保障。当前，有关部门应进一步促进休闲体育文化改革，并有效利用体育文化产业化思路推动休闲体育行业进步，充分实现休闲体育产业高质量发展。

　　当前，我国已进入全面建成小康社会决胜阶段，人民群众多样化体育需求日益增长，消费方式逐渐从实物型消费向参与型消费转变，休闲健身产业面临重大发展机遇。但目前休闲健身产业总体规模不大、产业结构失衡，还存在有效供给不足、大众消费激发不够、基础设施建设滞后、器材装备制造落后、体制机制不活等问题。加快发展休闲健身产业是推动体育产业向纵深发展的强劲引擎，是增强人民体质、实现全民健身和全民健康深度融合的必然要求，是建设"健康中国"的重要内容，对挖掘和释放消费潜力、保障和改善民生、培育新的经济增长点、增强经济增长新动能具有重要意义，本书着眼于我国当前体育产业发展现状，从不同的角度对休闲体育及相关产业的发展进行了分析和研究，希望能够为推动我国休闲体育产业的发展略尽绵力。

　　本书从休闲体育的基本认识入手，通过对休闲体育特点等问题的阐述，引出体育产业发展问题，并从不同的维度对休闲体育产业的发展进行了分析与概括。本书共分八章，分别为休闲体育与现代生活、常见休闲体育项目及其发展、休闲体育服务、休闲体育体验与赞助、休闲体育场地设施与活动管理、休闲体育的经营与流程设计、休闲体育市场营销理论研究、休闲体育产业及其发展趋势研究等内容。

本书集科学性、系统性、时代创新性于一体，对休闲体育产业的研究内容丰富全面，结构清晰完整，各部分内容的研究均是建立在相关理论和科学分析的基础之上，并结合我国休闲体育产业的发展现状对其未来发展进行了分析，体现了时代价值与学术创新。同时，对我国体育产业的发展进行了系统的实证研究，使得整本书做到了理论与实践相结合。

在撰写过程中，本书参考了许多专家和学者关于体育产业研究的相关书籍和资料，在此表示敬意和感谢。由于水平所限，本书难免存在不妥之处，恳请广大读者批评指正。

作　者

2021 年 10 月

目　　录

第一章　休闲体育与现代生活

现代都市生活越来越紧张和繁忙，人们在忙碌了一天后，身心疲惫，生活空间狭小，不顺心如意的事情时有发生，引起人们的心绪烦躁不安，需要通过一定的方式进行减压调节，以重新恢复身体的平衡。休闲体育活动就是一种消除疲惫、平衡身心的良好途径。同时，每周五天工作制的实行，为人们进行休闲体育消费提供了时间保证。因此，许多业务繁忙的人每天都抽出时间从事健身活动，以保持旺盛的精力适应紧张的工作和快节奏的生活需要。

目前，现代休闲体育活动越来越成为人们日常生活中不可缺少的内容，"花钱买健康"已成为一种消费意识，这种既有利于人们的身心健康又可以培养人的意志的体育活动，已经并逐渐变成了人们自觉的行动。

第一节　休闲与休闲社会

早在 20 世纪 70 年代，西方研究未来的学者曾经预言，历史的车轮进入 21 世纪，人类会以一个全新的面貌发展，知识和信息成为人类社会发展的基本保障，社会结构也将发生相应的变化。令人感到赞叹的是，这些学者的预言相当一部分已经成为现实，事实上很多社会变化比当初的预测来得还要早。社会发展是以生产力为基础的，人类社会的发展围绕生产力的发展曲折向前。20 世纪下半段，随着生产力的提高，人们从繁重的劳动中解放出来，业余时间越来越多，精神层面的需求逐渐增长，休闲成为一项重要的社会活动。

一、休闲

休闲指在非劳动及非工作时间内以各种"玩"的方式求得身心协调与放松，达到生命保健、体能恢复、身心愉快为目的的一种业余生活。

现代人为生存需要的谋生手段的劳动有两种形式：

（1）体力劳动：劳动密集型的集约化生产方式，劳动者必须以机械的动作重复大量繁重的工作。

（2）脑力劳动：在知识经济、信息时代，自动化、现代化智能型生产方式使体力付出降低，而心理压力及精神紧张则接近于极限。劳动创造了更丰富的物质财富，人类的生活质量得到了很大的提高。

休闲作为舒缓劳作的一种手段也是崇尚自然、追求舒适、满足个性的生活方式。所谓生活质量正是通过劳动和休闲相互影响又相互作用的过程体现出来。

随着生产水平的不断提高，劳动者的休闲时间逐渐增多，建立在物质财富和现代科学技术基础上的休闲活动将日益丰富，人们的生活质量和精神世界将会越来越丰富。

二、休闲社会

20 世纪人类社会曾经经历了四次波澜壮阔的财富浪潮：汽车的普及、房地产的发展、个人电脑的普及和互联网的推广，颠覆了几千年来人类的生活形态。这些发明缔造了很多世界型企业，抢占先机的企业家和投资者积累了大量的财富。每一次财富浪潮都推动了社会生产力的发展和提高，随着人们生活水平的上升、闲暇时间的增多，新生活方式正在逐步代替传统生活方式。21 世纪，新的财富浪潮来临，以休闲活动为主要内容的健康产业和服务产业迅猛发展，人类社会生活进入休闲娱乐时代。

（一）休闲社会的到来对社会经济发展的影响

从 20 世纪六七十年代开始，人们的观念逐渐变化，西方国家的休闲和娱乐道德更是发生了颠覆性的改变。人们的生活逐渐摆脱以工作为中心，休闲成为一种产业化的社会活动。1970 年联合国召开国际闲暇会议，通过了《休闲宪章》，对人们的生活产生了很大的影响。国际休闲研究的著名作家杰弗瑞·戈比和托马斯·古德尔先生曾预测："2015 年前后，世界上的发达国家将进入休闲社会，休闲产业会成为经济发展的重要力量，人类社会也会因此而发生深刻的变化。"

相关组织的研究表明，当人均 GDP 达到 2000 美元时，休闲产业将获得快速发展；当人均 GDP 达到 3000 美元时，休闲需求出现爆发性增长；当人均 GDP 达到 5000 美元时，步入成熟的度假休闲经济，休闲需求和消费能力日益增强并出现多元化趋势。2012 年中国人均 GDP 为 6100 美元，进入了多元化休闲产业的发展时期。这三个条件是休闲社会成熟的基本标志。如今发达国家的人均 GDP 已经达到 40 000 美元，休闲已经成为大部分人生活中的重要构成部分。美国休闲学会对美国社会以及生活消费领域进行的调查显示，美国的休闲产业已经超越传统产业，成为美国第一大产业，就业人口超过总就业人口的 1/4。2015 年中国游戏产业收入达到 1407 亿元，超过美国成为全球第一大市场，电子竞技作为新兴的休闲体育产业，迅速发展并占据了整个休闲娱乐市场将近 20% 的份额。

（二）我国社会经济的发展将把我国带向普遍有闲的社会

于光远在《论普遍有闲的社会》中指出："争取有闲是生产的根本目的之一，闲暇时间的长短与人类文明的发展同步。"从当前的发展趋势来看，如果闲暇时间能够随着生产力的发展而进一步增多，休闲的地位和社会作用也会进一步提高，这是未来社会发展的必然趋势。

1. 我国居民生活水平的提高

从国际发展经验来看，人均 GDP 达 3000～5000 美元经济结构开始出现变化，人们的闲暇时间和休闲需求逐渐增加，精神享受和奢侈品成为人们消费的重要方向。物质资料的丰富使人们将更多的精力投入到改善精神生活上，经济的刺激使得人们的价值观发生了急剧的变化，休闲产业也借此发展起来。

据国家统计局的统计，2015 年我国国内生产总值为 67.67 万亿元，折合 105 108 亿美元，人均 GDP 接近 8000 美元。2015 年，我国天津、北京、上海、江苏、浙江等 10 个省、自治区、直辖市人均 GDP 超过 10 000 美元，人均 GDP 最低的甘肃省为 4208 美元，云南省为 4673 美元。当一个国家或者地区人均 GDP 超过 3000 美元之后，城镇化、工业化的进程会加快，居民的消费类型、消费行为也会发生重大的转变，超过 5000 美元之后其消费结构将向发展型、享受型发展和升级。经济快速增长将导致人们生活方式的重大变化，追求更高生活品质的时代正在快速到来！

2. 闲暇时间的增多

我国政府于 1995 年 5 月起，开始实行 5 天工作制，随后为了刺激旅游等第三产业的发展，推出了五一、十一和春节三个黄金周。2007 年 11 月国家将法定节假日由 10 天增加为 11 天，对三个黄金周做出了调整，五一黄金周被缩减，其他两个保留，增加 1 天假期，除夕、清明、端午和中秋三个传统节日正式纳入法定假日。

　　就工作闲暇时间而言，我国的假期虽然在世界上不是最多的，但是已经处于中上游水平，与我国经济发展水平相适应。闲暇时间的增多，使得人们有更多的机会选择自己的休闲方式，远途旅行逐渐开始流行。另外，全民健身计划在全国的推广，使得休闲体育和休闲健身成为人们日常休闲项目的重要内容。我国政策制定的哲学思维向来严密，从马克思主义哲学角度来说，全民健身的发展代表我国生产力水平已经发到一定程度，必须有与之相匹配的精神生活，这也是我国提倡全民健身的初衷。

3. 生活理念和生活方式的转变

　　我国休闲学者马惠娣、刘耳的研究表明，改革开放以来，我国居民经历了三次消费革命：

　　第一次，20世纪80年代经济水平落后，吃饱、穿暖等生理需求层面的欲望是人们工作的主要动力，这一时期人们为了获取生活资料奔波忙碌。

　　第二次，1993—2005年是人们物质欲望增长的时期，这一时期住宅作为耐用消费品的代表，成为人们追求的主要目标。此外，家电、汽车等改善生活条件的耐用消费品，也是人们消费的主要方向。

　　第三次，2006年以来，我国居民开始注重精神自我，并将关注的目光放到自我价值实现上。

4. 健康、健身意识的提高

　　社会进步带来激烈的竞争，人们的压力越来越大，现代人不得不生活在快节奏的生活中。无处不在的压力使人们身心俱疲，比如，因长期工作带来的职业病，因长期处于压力下形成的心理问题。休闲体育作为一种放松身心，强健体魄的活动，能够很好地调节现代人在快节奏生活压力下带来的各种问题，缓解当前人们的亚健康状态。北京奥运会过后，我国的全民健身基础设施建设开始全面推广，人们的健身热情空前高涨，在之后的几年里我国的全民健身活动迅速开展，北京、上海等大城市社区、公园的健身人数直线上升。在多元化的市场需求面前，休闲体育作为人们精神消费市场的重要内容，未来必将迎来快速发展。高校应该以此为基础，加快休闲体育人才的培养，为我国休闲经济的发展打下良好的基础。

5. 休闲业和休闲服务业快速发展的需要

　　我国休闲业和休闲服务业发展十分迅速，对应用型的休闲体育人才的需求缺口越来越大。近日国务院印发《全民健身计划（2021—2025年）》，要求加快体育强国建设，到2025年全民健身公共服务体系更加完善，县（市、区）、乡镇（街道）、行政村（社区）三级公共健身设施和社区 15 分钟健身圈实现全覆盖，经常参加体育锻炼人数比例达到 38.5%，全国体育产业总规模达到 5 万亿元，这为休闲体育的发展提供了良好的契机。

第二节　休闲体育及其历史演变分析

研究休闲体育历史演变和行为特点，对于我们深入分析和认识人类在不同的时期休闲体育的特点，分析和解决休闲体育的发生以及发展历程中存在的各种问题具有重要的意义。

一、休闲体育的概念和内涵

（一）休闲体育的概念

休闲体育是用于娱乐、休闲的各种体育活动。体育活动有健身、竞技、游戏、娱乐等属性，具有改善与发展人的身心健康，提高人体机能水平的作用。体育用于竞技能够激发人的潜能，锻炼人的意志、品质，一些趣味性的休闲项目更是可以放松身心、培养团队精神。从这个意义上来说，休闲体育项目既可以看作体育项目也可以看作休闲娱乐。

休闲体育并不是新产生的一个概念，在传统活动中休闲体育以另一种方式呈现，用来满足人们的休闲心理和发展需要。

（二）休闲体育的内涵

休闲体育的内涵可以从五个不同语境来阐释：

1. 时间语境

自由时间是休闲活动开展的核心要素，参与"休闲体育"建设的前提是人们必须腾出足够的时间来支配自己的活动。休闲体育的核心是休闲二字，如果没有闲暇时间体育活动根本无从谈起。休闲体育是有闲暇时间的人，在精神需求的驱动下，通过体育活动来满足丰富日常生活的一种内在需求。

2. 文化语境

文化语境下对休闲体育进行阐述，主要是通过人们的精神需求、情感变化以及个人感悟等内在因素的变化，来对人们的休闲体育活动进行分析。

体育运动一方面通过身体形态、动作技能、场地器材、竞赛与活动的规则、规程等有形的方式进行呈现，另一方面则是通过精神要素等方式呈现的，比如，意志、时代精神等。休闲体育活动的存在方式比较独特，基于休闲与体育的特征，可以把休闲体育理解为：人类为满足自身的体育运动需求而探索的体育运动创造、体育竞赛鉴赏、体育文化构建的新的行为方式。

3. 现实语境

现实语境下，如果对"休闲体育"内涵进行深入的理解，一般指从事休闲体育活动的各种物品、制度、规定、精神的以及现象过程的总和。就当前来说，休闲体育实现途径主要有以下几个：

（1）以身体运动为主要内容的体育竞赛与健身活动，比如，各种球类运动、户外运动等。

（2）非身体运动为主（智力类）的体育活动，如各种棋牌，如围棋、中国象棋、国际象棋、桥牌、电子竞技等。

（3）体育文化鉴赏场馆和体育文化参观，如国家体育场（鸟巢）、水立方、北京工人体育场、国家体育博物馆、体育艺术展等。

（4）高水平体育竞赛观赏，既可以通过现场观看高水平的体育赛事，如中超足球比赛、CBA 篮球比赛、大师杯网球比赛以及高水平体育表演，还可以通过电视、电子计算机、手机的直播或转播等观赏体育比赛。

（4）体育培训、健身咨询和体育彩票等博彩活动，也包括体育报纸杂志、健身体育知识、运动技能和体育培训等。

4. 使命语境

使命语境下对"休闲体育"内涵的阐释。"休闲体育"具有两大任务：一是增强人的体质，消除或减缓人体的疲劳；二是让人获得精神上的慰藉。人们通过休闲体育获得更多的幸福感，保持内心的宁静与平衡。体育运动是采用运动、玩耍、竞技比赛、健身娱乐、体育观赏等方面的手段来实现修炼身体、增强体质、精神交流的目的，从而获得自我归属感，达到自我实现。休闲体育是一种积极而又自愿的体育活动，可以从心灵深处摆脱被生活压力带来的束缚感。休闲体育可以促使人抛弃心胸狭隘与自我封闭，催化愉悦轻快的心灵的绽放。体育运动是休闲体育的基础，获得精神慰藉和身体冲击是休闲体育的核心。

5. 目标语境

目标语境下对"休闲体育"内涵的阐释。休闲体育的目标是使人类自身进化责任回归，从物欲重新回归到生命本身，从而塑造真实的自我存在认识。体育是一种社会文化现象，休闲与体育的结合成为一种新的文明、健康和科学的生活方式。休闲体育对大自然青睐、崇拜、征服，在一定程度上就是人的野性与肉体、精神磨砺的功能的回归，而这种回归在当今弥足珍贵。休闲体育在 20 世纪中叶兴起于西方社会，穿越、探险、挑战、极限运动等都显示着休闲体育的魅力。

二、休闲体育的历史演变

如果将休闲体育产生的根源融入人类社会的发展历程当中去研究，根据托夫勒《第三次浪潮》中的记载，人类休闲活动的历史可能超过一万年，换句话说人类在一万年之前就已经有休闲类的体育活动。著名的历史学家马丁指出："在可记载的历史之前我们只能推测人类从事何种类型的活动，尽管史前时代人类主要为了生存而进行着各种与自然界和生物种群的斗争，但人类通过多种形式的娱乐活动寻求更舒适、更符合人性的生活的例子并不鲜见，不管人类存在于何时何地，其生物性中自娱本能会使人类在一切可能的情况下通过身体运动来娱乐身心。"

（一）原始社会的休闲体育

在原始社会，生存是人类面对的最大问题，但是古人类学家在对古人类遗址进行发掘与研究后，发现即使在生产率极度低下的情况下，人们仍然需要满足自己的精神需求，进行休闲体育活动。原始社会由于生产力水平不足，人们的休闲活动大多较为原始，比如，草地玩耍、爬树、戏水等。经过时间的积淀，这些活动逐渐成为文明社会早期祭祀、饮食、生活的重要来源，影响人类社会形态。

想要区分原始社会人类的劳动与休闲游戏其实很困难，因为原始社会人的活动都是围绕生存展开的，而保证生存的最主要活动就是劳动，在艰难的生存环境中，人类练就了在劳动中娱乐的生存本领。早期部落文明，人们依靠种植、狩猎、捕鱼等活动保证生存，滑雪、游泳、骑马等活动作为休闲娱乐，在原始社会这些活动既是生存手段，也是休闲活动，正是这些活动，奠定了人类休闲体育活动的基础。原始社会人类的生活虽然艰难，但在解决生计问题之后，也会通过一些活动表达喜悦的心情。

人类考古学家在古埃及坟墓、碑文的遗迹中发现：古代的埃及社会，部落的阶级体系高度发达，身处底层的人民从事休闲和体育活动，高等阶级通过欣赏低等阶级的表演进行休闲娱乐，这是古代休闲体育活动的雏形。

原始社会劳动和娱乐是分不开的，正如卡伦所说："原始人对于工作和娱乐不会进行区分，娱乐活动大多并不是有组织、有计划的行为，庆祝丰收和节日是原始人休闲体育活动的主要集中开展时间，其他时间都与劳动融合在一起。"

（二）农耕时代的休闲体育

八千年前，人类对自然的认识逐渐加深，动物驯养和农作物种植逐渐成为人类生存的基本手段。在中国的黄河流域，早在五千多年前就有规模种植农作物的行为，人类农业活动的出现代表人类社会文明向着更高的层次发展，农耕时代来临了。

当古代人类开始从事农耕之后，逐渐对这种安全可靠的生存方式产生了依赖，依靠这种稳定的生存资料获取方式，人类从不可靠因素影响下的狩猎活动中解放出来。后来养殖业逐渐兴起，人类食物的来源更加丰富，也更加稳定，闲暇时间逐渐多了起来。我们之前提到，闲暇时间是休闲体育活动产生的基础，因此生产方式变化催生的闲暇时间刺激了休闲体育活动的发展。

（三）古希腊文明的休闲体育

在文明的演变中，人类构建起了不同性质的文化，体育运动也在这些文化的进步中逐渐发展。古希腊是一个文明发达的古代国家，他们认为如果没有娱乐活动就不可能产生体育，如果没有体育活动，人类的审美不可能发展起来，如果没有审美，人类的创造力会逐渐枯萎。古希腊人的观念总结起来就是，娱乐催生了古希腊文明。

古希腊人认为，只有精神和身体双重发展才是一个健康的个人，综合素质才能得到提高，因此在解决生存问题之后，古希腊人特别注意精神层次的丰富，对各种休闲和体育竞技活动情有独钟。

据文献记载，古代希腊的学校会教授给学生各种生存和生活的技能，比如，阅读、计算、艺术、体育等，这些知识的传授一方面是为统治者提供管理人员，另一方面要锻炼人们的体质，为战争做好准备。

古希腊的学者亚里士多德将工作和娱乐看作两个相互平衡的要素，娱乐是最终的目的，工作是达到目的的手段。娱乐活动能够锻炼人的智力、身体，能够放松心情、缓解疲劳，这为处于繁重劳动之下的人民提供了放松和休息的机会。运动游戏最开始在古希腊出现是在宗教节日上，目的是活跃节日气氛。

（四）中世纪的休闲体育

从400年到1500年在欧洲被称为中世纪，这一时期西方社会的主导力量是基督教。早期基督教徒崇尚劳动，认为劳动是有益于人类发展的活动，无所事事则会对人类的发展产生负面作用。因此，早期在基督教的引导下人们更多地将自己的精力集中到劳动上，休闲娱乐活动甚少。

这种哲学与早期的天主教对劳动的认识有很大的差别，天主教崇尚脑力劳动，他们认为，只要有足够的财富，体力劳动是不需要的，牧师们的思考作为一种精神指引，是人类活动的最高境界，受到推崇。

马丁·路德发起的宗教改革，改变了人们对待工作和事物的态度，他将工作看作个人发展的最直接手段，鼓励人们将自己的劳动献给上帝。路德的宗教改革，对教职人员和其他工作者平等地看待，劳动不分职业，都值得尊敬，但无所事事是一种罪恶。

很多研究欧洲中世纪社会的学者都认为这一时期是基督道德约束最严格的时代，人们必须以宗教的教义作为自己的处事原则，并将这个时代打上宗教道德变迁的烙印。事实上中世纪休闲体育活动并没有因为宗教的影响而衰弱，相反在这个时期，休闲体育因为各种原因得到了进一步的繁荣。

（五）文艺复兴时期的休闲体育

文艺复兴时期始于1300年的意大利，持续了将近300年。文艺复兴因为科学上的突破和艺术上的繁荣，载入人类发展的史册。休闲体育活动在这一时期得到很好的发展。

在文艺复兴期间，宗教道德逐渐崩塌，人们开始关注自由、平等、权利，自我属性逐渐得到释放，娱乐活动和社交活动经常会因为不遵守道德规则出现各种问题。因此，在这一时期人们逐渐抛弃传统的娱乐模式，将目光集中在新型休闲娱乐项目上，比如，这时期的男性热衷于击剑、打猎、骑马、下棋等活动，女士地位有所提升，开始参与到这些活动的观赏当中。

伴随着文学、建筑、雕刻、绘画、音乐和话剧的诞生，音乐会成为人们热衷的一项高雅娱乐项目，尤其是这一时期的女性，以能够听知名音乐家的音乐会为荣。这一时期诞生了许多伟大的艺术家，如达·芬奇、拉斐尔、米开朗琪罗等，他们的作品为这一时期娱乐休闲活动的发展提供了很好的素材。

（六）工业革命时期的休闲体育

工业革命也叫产业革命，是资本主义工业化的初始阶段，在工业革命中，机器生产逐步取代手工生产，小规模的个人经营逐渐被大规模的社会化经营取代。工业革命是以科技为驱动的一场生产革命，它开始于欧洲，以蒸汽机动力的生产机器投入生产为标志。

工业革命对人类的生产和生活产生了重大的影响，彻底颠覆了人们的生产模式和生活方式，城市人口也随着工业革命的开展而暴增。工业革命提升了生产力的发展水平，物质资料的丰富，促进了人们生活水平的提高。

在工业革命中，工作是生活的中心，时间成为人们生活的基本刻度，工作－生活的时间线分割了人们的日常活动。长期单调、重复的生活使人们的日常变得乏味，人们在工作之余开始需求新的方式来发泄压抑的心情，于是休闲娱乐活动在大工业生产下逐渐流行起来。

娱乐的商业化并没有因为工业生产而消失，相反在生产的刺激下，娱乐活动的发展更加兴盛，正如埃德韦兹在他的《流行娱乐》中写道："职业娱乐者在一切允许他合法存在的每个领域里占支配地位，有时变相的户外运动会成为娱乐过度的托词。"

（七）当代社会的休闲体育

当代社会最显著的特征是生活方式的城市化。城市化生活方式给社会发展带来积极效应的同时，也给人们的身心健康带来了许多不利影响。

首先，随着城市化进程加速和世界人口的"爆炸"，地球人将有一半以上居住在城市，促使现代城市向高空发展，摩天大楼比比皆是。当人们居住在钢筋水泥森林的"方盒子"里，与阳光、空气和水等大自然越来越远时，自然造物的人体感受到了越来越多的不适应。

其次，由于城市工业化带来的大气污染、水土流失、植被减少，使环境日益恶化，生态平衡遭到破坏，从而导致大自然对人的报复：烟雾、酸雨、雾霾、沙尘暴等屡见不鲜，另外全球气候变暖导致频繁的洪灾、持续的旱灾等，这些都给人类健康带来严重威胁和摧残。

再次，城市交通、通信网络工具的现代化和家务劳动的社会化，大大减少了人们从事体力活动的机会，同时又使个人余暇时间显著增加。由于食物构成的改善，脂肪和蛋白质摄入增多、消耗减少，导致"运动缺乏、营养过剩"，对人们的身心带来不利影响。

最后，现代生活节奏加快，社会竞争加剧，造成了城市居民各项机能（身体、精神、心理）与社会环境之间的不平衡，出现了"心理压抑综合征""无气力无感情""生活能力骤降"等现象。高血压、冠心病、神经症、肥胖症等"现代文明病"呈快速增长之势。

休闲体育为提升当代生活方式的健康性创造了机会。休闲与体育的结合是对抗文明病的一个重要手段，休闲体育运动可以有效地预防慢性病，如肥胖症、糖尿病、心脑血管病等，并且还可以有效地改善血液循环，促进睡眠质量，提高新陈代谢，延缓衰老，保持活力等。如果从社会效应方面考量休闲体育，它还可以促进社区和谐，增进人际交往，提升人们的幸福感和满意度。因此，完全有理由相信，在不久的将来人们将把休闲体育的发展与自己的生活质量、自己的未来生命价值体现形式联系得更加紧密，更加关心休闲体育的发展。

伴随着休闲体育的悄然兴起，休闲体育产业已经逐渐成为休闲产业的一个重要组成部分，许多自娱性体育项目（如高尔夫球、保龄球、网球、乒乓球、羽毛球等）和娱他性体育项目（如足球、篮球、F1赛车等）已经成为主流体育产业；新兴的体育项目（如射击、射箭、皮划艇、击剑、蹦床、柔道、赛艇、游泳、摔跤、动力伞、滑翔、热气球、登山、攀岩、汽车、摩托车、摩托艇、滑水、跆拳道、弓弩、健美操、体育舞蹈、蹦极、探险、漂流、冲浪、潜水、飞艇、轻型飞机、运动游艇、牵引伞、跳伞等）更是如雨后春笋般地在我们身边流行和发展起来。

休闲体育正朝着大众化、娱乐化、普及化、多样化的方向发展，并逐渐成为社会消费的热点领域。老年人和妇女在体育活动中的参与度比以往任何一个历史时期都要高。在美国和欧洲部分国家休闲体育已经成为国民经济的支柱产业，并成为新闻媒体重点关注的文化活动。

三、我国休闲体育发展的动因分析

现代休闲体育事业，在改革开放的推动下迅速发展，随着我国经济的不断繁荣，休闲体育事业迎来了新的发展机遇。在知识经济时代，人们的收入和闲暇时间都会有所提升，在未来休闲体育活动必将获得更好的发展。

（一）经济发展持续带动

现代休闲体育事业的发展依托于经济水平的总体发展。从世界范围来看，休闲体育事业最先开始是在西方国家，这是因为西方国家工业化进程比较早，经济比较发达。西方国家的经验告诉我们，休闲体育事业是以经济发展为前提的，只有经济发展到一定的程度，休闲体育事业才能规模化发展。改革开放之后，我国经济持续增长，创造了世界经济发展史上的一个新纪录，人们收入水平的提高使得生活水平大幅度提升，衣、食、住、行的规格也不断提升，这刺激了经济休闲娱乐活动的发展。

（二）消费需求不断刺激

休闲体育消费属于文化娱乐消费活动，它能够消除人的心理疲劳，舒缓身体，放松心情。休闲体育是一种精神层次的消费活动，参与者通常能够从中体会到乐趣。

近年来，人们生活水平不断提高，物质生活不断丰富，在这种背景下人们对自己的内心需求越来越在意。科技文化作为一种高端文化，正在受到人们热捧，特别是在科技兴国战略引领下，我国人民的文化水平不断提高。物质生活的丰富，知识水平的提升，改变了人们以往的生活习惯和消费习惯，在基本的生存需求满足之后，必将投入更大的精力来进行适应时代发展的要求消费活动。

（三）消费市场逐步发酵

有关统计显示，我国 14 亿人口中约有 4 亿与体育相关的人口，这个数量超过美国的总人口数。庞大的人口基数和体育人口群体，使得我国的休闲体育市场拥有巨大的发展潜力。

虽然我国人民的消费水平较西方发达国家来说还有很大的差距，但总体来说休闲体育的发展基础已经逐渐形成。总体收入水平上升使得人们有多余的钱用来满足自我的精神需求，在庞大人口群体的支持下，消费需求缺口很大。现代休闲体育消费项目不断丰富，同一个消费项目使用设备的档次不同，能够服务和满足的消费群体也不同，在现代休闲体育服务中，要以消费者的需求为基础，科学制定服务内容，最大限度地满足休闲体育活动。

（四）技术手段日渐丰富

现代休闲体育项目，不仅需要符合标准的设备，还需要一定的技术才能顺畅地开展。相比于发达我国，我国的科学技术水平虽然还有差距，但就我国目前的经济水平来说，满足我国休闲体育人群的需求并没有问题。

随着各种体育研究结构的发展，我国体育科学必将进一步发展，休闲体育设备制造和设施建设将获得更好的发展。

（五）节假日增多

西方国家的休闲体育事业的发展，离不开假期制度的保障，除 5 天工作制外，还有很多休假时间。西方国家经济发展水平较高，人们又拥有足够的时间用于休闲活动，因此西方国家的休闲体育事业发展繁荣。

1995 年 5 月，我国实行 5 天工作制度，每周六、周日休息，刺激消费市场，推动旅游和休闲产业的发展。随着旅游需求的日益旺盛，又推出黄金周假期进一步调动我国旅游和休闲产业市场的活力。我国人民的消费方式相对单一，如逛商场、游公园等，随着人们收入的提高和精神层次的提升，健身、娱乐等新型休闲娱乐项目成为人们的新宠，我国休闲体育事业得到了快速的发展。

（六）休闲体育事业不断发展

现代休闲体育在我国的发展，虽然时间较短，但也积累了一些符合我国国情的经验，为我国休闲体育事业的发展提供了保障，具体来说包括以下几个方面。

（1）在休闲体育事业发展的过程中，培养了一批专业人才，他们致力于我国休闲体育事业的发展，成为我国休闲体育事业发展的中流砥柱。

（2）休闲体育设施具有一定规模。目前，我国的大酒店、宾馆都设置专门的休闲体育中心，各大城市的健身场馆、休闲体育服务设施不断增多，这些现象的出现都说明我国休闲体育事业得到了很好的发展。就目前来看，休闲体育基础设施不断完善，我国休闲体育事业正在积蓄实力，迎接更大的发展。

（3）我国有专门体育研究机构，一方面从事体育设备、器材的研发与普及，一方面负责开发符合我国国情的休闲体育项目。北京、上海、广州等大城市，休闲体育娱乐设施建设领先全国，特别是各种公共休闲服务设施能够满足相当一部分人的休闲娱乐需求。

（4）休闲体育行业的管理政策随着经济的发展不断完善，管理的水平逐渐向国际水平看齐，这为休闲体育事业的稳步发展提供了可靠的保障。

（5）部分休闲体育企业已经获得了成功，不仅树立了良好的企业形象，也为从事休闲体育产业的从业人员提供了很好的借鉴。

第三节　休闲体育对生活方式的影响

人类需要休闲，以使生活和工作更加美好，人类也需要理论的指导以求明智的休闲。融入新生活方式的体育形式将发生变化，因此休闲体育也要根据社会发展和人们需求的变化不断丰富和完善。

一、体育融入休闲生活的社会潮流

在大众休闲时代，休闲体育活动逐渐融入人们的生活当中，成为人们生活中不可缺少的一部分，这是当今社会发展的基本趋势。

休闲体育活动融入当前的生活方式，这是当今社会的基本需求，也代表着未来社会的发展方式。尽管从目前来看，我国大部分人的体育活动都集中在接受学校教育的阶段，但随着人们对健康生活认识的逐渐深入，健身、体育、休闲已经成为人们日常生活中的一部分。

由于社会因素的影响和空闲时间的增多，休闲在越来越多的人群当中受到人们的追捧，其形式和内容也在不断拓展。空闲时间的增多，意味着休闲市场规模的扩大。为了能够更好地生活，人们会对自己的空闲时间做出精心的安排，休闲不仅要成为生活的一部分，还要成为生活中的精品部分。随着人们休闲方式越来越丰富，休闲活动的质量也成为人们关注的重点，人们期望中的休闲活动不仅能够让人得到生理上的放松，还必须能够得到精神上的享受。

杰弗瑞·戈比在他的书中谈道："人要在生命各阶段将思想、身体和精神凝结到体育活动中，并使其成为日常生活和休闲追求的一个内在组成部分。它有利于增强个人对自身价值的感受，有利于加强人们的生活精力与活力，并能最大限度地促使人类发挥生理、情绪和社会潜力。在日常生活中，个人能够从保持身体活跃的过程和经历中获取力量；它增强了我们自己掌握人生的意识，并激发我们控制自身健康的信心。"

对休闲生活的良好适应，对体育活动的坚持，不仅能够提高个人的身体素质，还可以提升生活的品质。如果我们用词语形容高品质生活，可以概括为享受感、满足感和充实感。从本质上来说，体育活动能够与人们对高品质生活的要求相契合，体育运动超越自我的精神能够让人得到充分的满足感、充实感和享受感。

二、生活方式结构中的休闲活动

（一）休闲活动在生活方式结构中的意义

生活方式是指人们为生存、发展和享受所进行的一切活动。从这个层面来说，休闲作为一种精神享受活动，是人们生活方式的重要组成部分。休闲是一种具有倾向性的活动，人们根据自己的精神需求选择相应的休闲活动，是自己价值观、生活态度的一种外在表现。

马克思指出："一个种的全部特性、种的类特性就在于生命活动的性质，而人的类特性恰恰就是自由的自觉的活动。"从普遍层面来说，人类生活方式总是包含一些固定的部分，就这些固定部分来说，休闲活动所占的比例与内容是一个人内心活动的最好体现。

规则是为了约束行为而制定的，规则产生后社会结构便发生根本性的变化。现代社会学家认为，个人是社会要素与自然要素相互作用的产物，社会要素是人类社会存在和发展的基础，自然要素则是人类追求精神自由的内在驱动。正是因为这个原因，人类在社会中扮演的社会角色才能成立，不同的角色拥有不同的经历、不同的价值认识，但无论哪种角色在社会生活中都会在社会规则和道德规则的约束下感受到生活的压力。

在休闲体育活动中，人从自身兴趣和需求出发进行的活动是符合人类天性的生活方式，也只有在这种状态下人们才能不断丰富自己的精神世界，得到心灵上的宽慰和满足。在当前社会条件之下，只有自由支配自己的闲暇时间，才能放飞精神，调整生活状态。

（二）休闲体育的分类及活动内容

休闲体育有多种分类方法，比如，个人活动和集体性的活动，室内活动与室外活动，竞技性与非竞技性活动等。

1. 观赏性活动（间接参与）

观赏性活动主要是以观赏为主要目的而进行的体育活动，表演性较强。在观看比赛或者表演的过程中，人们会对观赏的活动给予不同程度的评价，并通过某种情绪表现出来，比如，人们观看或者从事某项运动时表现出喜悦的情绪。此外，在观赏比赛或者表演的过程中，还可以从中学到一些知识，从中体会到运动的乐趣与魅力，愉悦自己的身心。

2. 相对安静状态的活动

相对安静状态的活动主要是从活动的过程角度来描述休闲体育活动的。这类状态的休闲体育活动，大部分都是以脑力对决定胜负的，比如，棋类运动、牌类运动等休闲体育项目。脑力比拼主要考验个人思维能力的强弱，经验、心理素质等要素也会对脑力比拼产生影响。棋牌类的活动不仅有单人项目，也有两人或者多人项目，在双人或者多人棋牌类游戏中，参与者要充分发挥自己的大脑，活跃思维，增强团队的默契程度。

3. 互动性活动

（1）利用自然运动。互动性是利用自然资源开展休闲活动，这种活动一般需要专业人员的参与和指导，比如，日光浴、温泉等项目必须依赖开发才能够为人类所用。

（2）互动式活动。这类活动是通过专业人员技术活动来减缓身心疲惫、消除烦躁心绪、减压、调节身心的一种方法。主要方法有：推拿按摩、针灸、理疗等。

4. 运动性活动

根据各种休闲活动的特性通常分为以下几种类型：

（1）眩晕类运动。眩晕类活动必须借助于一定的设备和场地才能实现，这不是一种个人行为，必须有休闲服务提供单位的支持才能顺利进行。娱乐场所是小朋友钟爱的娱乐场所，如果没有休闲服务单位组织基础设施建设，承担相关职责，这些休闲项目是无法进行下去的。

（2）命中类运动。这种运动主要是使用一定的器械，对目标进行投掷或者射击。命中类运动也需要一定的场地和设备才能进行，比如，射箭、高尔夫等，如图 1-1 所示。

图 1-1　高尔夫运动

（3）冒险类运动。冒险类运动是一项挑战性很强的休闲活动，从这类活动中人们能够获得强烈的刺激感和满足感。冒险类运动必须在严密的组织和保护之下进行，否则容易发生危险，危害到生命健康，比如，蹦极、漂流等，如图 1-2 所示。

图 1-2　漂流运动

（4）户外活动。户外运动主要在户外开展，摆脱了固定场地的束缚，其形式和内容比较丰富，但某些运动需要借助一定的器械才能更好地开展。户外运动是人类回归自然的一种方式，常见的户外运动有登山、攀岩等，如图 1-3 所示。

图 1-3　登山运动

（5）技巧类运动。技巧类运动充分开发与利用人类的身体协调性，借助某些器械或者场地完成令人赞叹的活动，比如，花式滑板、自行车、摩托越野等项目，如图 1-4 所示。

（6）水上、冰雪类运动。水上项目是依托水体开展的运动，常见的水上项目有游泳、潜水、划艇等；冰雪运动局限性较强，只有在特定的场地或者季节才能开展，比如，滑冰、滑雪的项目。

图1-4 摩托越野

（7）球类竞技运动。球类竞技运动主要是指常见的球类运动，可以分为大球项目和小球项目。大球项目包括足球、篮球、排球等运动项目，小球项目包括乒乓球、羽毛球等常见项目，如图1-5所示。

图1-5 羽毛球

（8）歌舞类运动。歌舞类运动是指通过形体变化完成的运动项目，常见的项目有健美操、瑜伽、武术等。

休闲体育内容广泛，根据不同的分类标准，可以进行多种分类，但从严格意义上来说，任何一种分类方法，都不能将所有的项目都囊括进去。分类的目的主要是让我们更好地认识休闲体育运动，帮助我们系统地总结某些项目的规律和技巧，便于运动项目的开展和推广。

三、休闲体育—健康生活方式的基础

在现代社会，特别是城市工作中，人们的生活发生了很大的变化，人们在工作中付出的是越来越多的脑力劳动，加上科技的发展交通工具日益发达，人们运动的时间越来越少。身体的运动在工作时间很难获得，只能依靠闲暇时间来进行，无论是从心理需求角度来说，还是从身体健康角度来分析，休闲体育都是当前都市生活中不可缺少的一部分。

我国健康专家将健康的生活方式进行了概括，我们称之为"16字秘诀"，其内容是"合理膳食、适量运动、戒烟戒酒、心理平衡"。简单来说，不符合这16字的生活方式都不能说是健康的，概括起来健康的生活应该包括八个要素。

（一）营养

营养是生存的基础，在现代生活中人们可以轻易获取维持生存需求的营养，但要注意营养的均衡，注意饮食健康，通过合理的营养调节来保证健康的身体状态。

（二）运动

坚持运动，合理调控运动量。运动是消耗能量，促进各项身体机能优化的重要手段，健康的生活必须保证合理的运动量，比如，每天散步2公里，每周3次以上有氧运动。

（三）水

水是维持生命的基本元素，在现代生活中合理安排自己的饮水量，并注意饮水卫生。

（四）阳光和空气

阳光和空气是一切生物存在的基础，要亲近自然，呼吸新鲜空气，保证合理照射阳光。

（五）节制

控制自己的欲望，不仅包括生理欲望，也包括心理需求的欲望。健康的生活应该合理控制饮食，避免过度娱乐，摒弃不良习惯。

（六）休息

劳逸结合是我们对工作和休闲的基本认识，在日常生活和工作中，要合理安排自己的作息时间，保证充足的休息时间。

体育运动作为一种重要的要素参与到健康生活的评价当中。从这些角度来说，运动是事物不变的特性，人类作为智慧生命也必须遵循规律，科学对待体育运动，重视体育运动。

科技进步使得人类社会得到了快速的发展，科技催生的生产能力使得社会生活物资丰富，休闲时间在日常生活中的比例大幅度提升，科学利用这些闲暇时间，提升生活品质是亟待解决的一个问题。从发达国家的发展历史来看，社会经济发展到一定水平后，人们必须通过休闲活动来排解压力，满足自己的精神需求。从社会发展的角度来说，文明发展程度越高，人们越重视休闲活动，休闲体育作为一种参与性强、内容健康的休闲活动，必然会得到人们的青睐。

休闲体育是人们在物质生活丰富后的一种高级消费需求。从当前休闲运动开展的状况来看，休闲体育是所有休闲方式中人们认可度最高的一种休闲方式。随着生活节奏的加快，人们对自己的身体健康越来越关注，休闲体育运动成为人们在快节奏生活中调节身心健康的一种重要手段。

四、休闲体育－矫正不良生活方式的手段

对不良生活方式进行矫正，主要从以下几个方面来进行：

（一）转变观念

思想是行为的驱动器，只有从思想上树立彻底改变不良生活方式的观念，才能从根本上重视健康的生活状态，并从行动上保证目标的实现。思想观念的变化是从科学的认识开始的，在矫正不良生活方式的过程中，第一步是建立在对不良生活方式危害的深刻认识的基础上。

（二）掌握方法

科学的方法是打开真理大门的钥匙。体育运动的方式很多，选择适合自己的锻炼方式不仅能够激发参与运动的热情，还能够事半功倍地实现计划目标。如果选择的运动方式不合理，很可能难以实现目标，而且会对自己造成伤害。

（三）养成习惯

养成运动的意识和习惯。意识的培养就是要经常提醒自己起来活动活动，习惯的养成需要持之以恒，最好是有计划地每天安排一段时间做运动，

要让体育运动逐渐成为日常生活的组成部分。

对不良生活方式的矫正，是一个长期的过程。在这一过程中，需要有相关的专业人士进行诊断和指导，以避免在方法手段等方面的误选误用产生副作用，从而影响身体健康。

中国是一个休闲体育大国，人口接近 14 亿，经常参加体育活动的人数接近 5 亿，参与休闲体育的人数将近 7 亿。中国休闲文化厚重，中华民族的休闲体育项目众多，56 个民族有很多的休闲活动和休闲项目，其中绝大多数是休闲体育项目。但中国还不是一个休闲体育的强国。在中国从体育大国走向体育强国发展的过程中，休闲体育大有作为。

第四节　我国休闲体育特点及发展

一、我国休闲体育的发展

我国改革开放 40 余年，其间经历了四次消费革命。第一次消费革命是 20 世纪 80 年代到 90 年代，国人的整个消费主要是解决衣食住行、吃饱穿暖的问题；第二次消费革命是 1993 年至 2005 年，是满足物质需要的时期，其特征是各个家庭开始增加了耐用品的消费，主要是电视机、洗衣机、空调等；第三次消费革命是 2006 年至 2016 年，居民开始进入到追求自我阶段，它的特征是人们追求自我价值的实现，有的家庭有钱了买房、买车、旅行。

从 2016 年开始，一次新的消费革命正迎面而来，这就是第四次消费革命。这次消费革命的特点是以休闲健康和精神愉悦为中心，这场革命带来的消费增长，远远超过前三次带来的增长，这将是我们国家居民消费关键和消费方式的一次重要的裂变。14 亿人参与消费的变化将会对消费结构和内容进行重大的变革。我国进入到休闲和休闲体育带动消费的时代，将会拉动我国消费增长进入数万亿级别的增长。美国人均体育消费从 70 年代的 50 美元增加到目前近 700 ~ 800 美元的水平。我国目前人均体育消费大概是在人民币 800 元到 1000 元，我国体育消费还有非常大的潜能没有被开发出来，至少还有 60% ~ 70%的体育消费空间有待激发。休闲体育促进体育消费，体育消费也将推动休闲体育的发展。

据国家体育总局和统计局 2018 年在全国体育产业发展大会上的报告，初步统计 2019 年我国体育产业总产值约为 2.75 万亿元，比 2015 年增加了 61.76%（注：根据《国家体育总局 国家统计局联合发布 2019 年国家体育产业规模及增加值数据的公告》体育产业总产出为 1.7 万亿元），从结构上来看，体育服务消费的升级势头明显。据国家统计局网站 2018 年 7 月 17 日消息，2018 年上半年全国服务消费升级势头明显，全国居民人均体育健身活动支出增长 39.3%，排名榜首，远超排名 2 位至 4 位的旅馆住宿支出增长 37.8%，医疗服务支出增长 24.6%，交通费支出增长 22.8%。据中国产业信息网报道：2018 年全国体育产业总规模 2.4 万亿元，同比增长 9.09%；实现增加值 8800 亿元，同比增长 12.82%。预计未来三年内行业整体将继续维持稳健的增长水平，体育产业增加值有望在 2020 年突破 1 万亿元，全国体育产业总规模预计达到 3 万亿元。

休闲体育在体育产业中具有十分重要的地位，根据发达国家的数据和发展经验，休闲体育服务业的产值约占体育产业总规模的 60%~70%。从我国 2018 年的数据看，我国居民人均休闲健身消费支出增长率异军突起，为我国体育产业规模的发展起到十分重要的作用。

二、我国休闲体育的特点

（一）我国休闲体育的时间特征

国家统计局等联合发起的中国经济生活大调查结果显示，2017 年中国人除了工作和睡觉每天平均休闲的时间大概是 2.27 小时，较三年前有所减少。相比美国、欧洲等国家国民的平均休闲时间是 5 小时，是我们的两倍。中国社科院的研究也表明，40.1% 的受访者表示，中国现在的工薪阶层休闲时间少，其中一个原因是带薪休假还没有完全被落实。报告还指出，由于我们的带薪休假制度长期没有落实，人们休闲出行的高峰期集中在黄金周和双休日。

从年龄层次来看，目前我们的国家机关、学校、事业单位的人员构成是两边大，中间小，20 岁到 30 岁以下，50 岁以上的人群较少，而 31 岁到 50 岁中青年群体人数量众多，他们正处于人的生理机能、身体状态由高走低的阶段，休闲时间的多少与休闲生活质量对于其工作、生产状况、身体健康情况有着特殊意义。他们的学历层次普遍较高，主要从事行政和资源管理类工作，这部分群体多为室内长时间，少运动量，高强度的管理岗位办公类型，这些人员的特点是有钱，但没时间。休闲的两个要素是有钱和有时间，现在很多中国人有钱了，但有时间的问题还没有解决。

我们给北京国家机关工作人员做了一个休闲时间的调查，在性别上来看，男性国家机关工作人员工作时间要高于女性，学历越高每天工作时间越多，休闲时间都有减少的趋势。目前工作日的休闲时间和双休日的休闲时间还能够保障，但现在也有一个迹象，政府机关和事业单位包括一些白领阶层的双休日已经受到了严重挑战，双休日的加班情况有日益增大的趋势，这就造成了休闲时间的减少。

（二）我国休闲体育的空间特征

城市的休闲体育空间作为居民休闲体育活动的载体，不仅具备休闲娱乐的功能，还具有一定的社会象征性功能。休闲体育作为当今社会休闲活动中的重要组成部分，是城市居民保持身心健康、放松减压回归本我的一种重要活动方式，人们愈加认识到参与休闲体育活动所带来的功效。城市作为一种社会空间的存在，是一个连接多系统的结构空间模式，把城市空间看作一个连续体，合理距离内的空间整合。本研究团队曾对北京休闲体育空间做了一个研究，根据休闲健身的距离，可以把休闲体育分为四个圈层，即：住宅区休闲体育活动圈（1000 米以内）、社区休闲体育活动圈（1001至 2000 米）、城区休闲体育活动圈（2001 至 10 000 米）和郊区休闲体育活动圈（10 001 米以上）。休闲体育每个圈层由于空间布局不同，每个圈层的空间内容、特点和用途也不同。例如，第一圈层是以小区为主，主要解决就近休闲健身的问题，场地设施主要是政府投放的公共体育设施，活动人群以中老年人为主。第二圈层是社区为核心形成社区休闲体育活动圈，范围包括小型公园和中型健身场所，健身设施相对比较丰富。第三圈层以城区区域内的中、大型体育场馆为集中点形成了城区休闲体育活动圈。这个圈层范围内的休闲体育场地、设施数量较多，交通便利，规模大，参与人数多。第四圈层的出行方式大多以私家车为主，属于北京市居民休闲体育空间规划的边缘地带。该活动圈层内的休闲体育场所较之其他圈层数量上略少，但山地户外、登山、骑行、穿越等运动，可使中青年个性化休闲体育活动得到满足。

三、我国休闲体育发展趋势

休闲体育将成为我国一种新的体育形态，从国民自发需求起步已成燎原趋势。休闲体育作为一种引领和促进人类健康的方式进入到人们的视线，成为一种新的生活方式和文化现象。从传统体育理论的观点来看，体育由竞技体育、群众体育和体育产业构成，在这个维度中似乎没有休闲体育的位置。但休闲体育是一种新的体育形态，它既游离于传统体育的概念之外，又和竞技体育、群众体育和体育产业都发生密切关系。

第二个趋势是"休闲体育+旅游"的深度融合，将更加充分地体验人与自然、人与运动体验的结合与融合。因此，旅游景点的项目设置、运动休闲开发、独特的心理和生理体验将是中国旅游业未来发展引擎和发展方向。现在的旅游景区从 2.0 升级到 3.0，如果没有休闲体育的项目，没有体验性的内容在里面，旅游景区的 3.0 一定是不成熟的。

第三个趋势是伴随着政府对体育赛事的开放，休闲体育赛事与活动的市场体系和服务体系将得到日益丰富与健全。休闲体育活动和休闲体育赛事将成为活跃人们休闲生活，增进身心健康，实现幸福愿望的重要内容和抓手。

第四个趋势是伴随着中国休闲体育井喷式的发展趋势，休闲体育消费将达到体育消费的 70%左右，消费必将促进休闲体育产业的发展，预测到 2025 年中国休闲体育产业的规模将达到人民币 3.5 万亿元，这种巨大的消费一定是推动体育产业未来发展的重大引擎。

还可以预见，未来我国休闲体育产业和休闲体育活动一定会更多地进入到我国国民的各个家庭，休闲体育在推动家庭体育和家庭体育消费方面也会起到重要的引领作用。

第二章 常见休闲体育项目及其发展

时尚户外休闲运动是现今社会诸多时尚文化中的一种，它是在社会上比较流行和前卫，对年轻人有较大吸引力，是大家所喜闻乐见并积极参与的新兴休闲体育项目。它是现代体育运动发展过程中的一种时代感极强的文化现象，是体育运动和社会生活相融合的直接产物。它是人们崇尚自由、回归自然、走出家门、休闲娱乐、挑战自我、获取身心健康平衡的真实写照，它已经成为人们的一种重要健康生活方式。它具有流行性、新颖性、趣味性、多功能性、竞技性、文化性、教育性、休闲性、开放性、商业性等特征。

第一节 登山运动

登山运动是一项老少皆宜的大众运动项目，人类登山采集生活资源的行为几乎与人类历史同样悠久。山地上常有野生树木，木材、食物等隐于其中，依山生活的原始人类出于生存需要会上山采集生活用品、捕捉猎物，由此产生了最初的登山运动。普通登山运动具有适应面广、运动成本低、技能要求低、运动功效显著、趣味性强等特点，是风靡世界的群众项目。随着人类挑战自然步伐的迈进，许多乐于自我挑战的探险者将挑战目标直指各种难以登攀的山地地形，于是出现了不同于普通登山运动的现代登山运动。

一、登山运动的起源和发展

（一）登山运动的起源

1760年7月，出生在日内瓦的法国青年科学家H.德索修尔，为了探索高山植物问题，渴望有人能帮他克服当时看来是不可逾越的险阻——勃朗峰（在法国境内，海拔4810米）。于是，他在阿尔卑斯山脉山下的小山村——沙莫尼的村口贴出一张告示：凡能提供登上勃朗之巅路线者，给予重金奖赏。但很长时间都无人响应。直到26年后的1786年6月，才有沙莫尼村的山村医生 M. G. 帕卡尔揭下了告示，他们与阿尔卑斯山区水晶石匠人 J.巴尔玛结伴，经过两个多月的时间，于 8 月 6 日首次登上了勃朗峰。这次原本为探索植物资源的旅程为现代登山运动的发展奠定了基础。于是，一个新的体育运动项目——"阿尔卑斯运动"（登山运动）随之兴起。后来，人们便把 1786 年视为现代登山运动的诞生年，贯穿法国、意大利、瑞士和奥地利等国家的阿尔卑斯山成为现代登山运动的诞生地。

1787 年 8 月 3 日，由 H. 德索修尔本人率领、巴尔玛做向导的一支 20 多人组成的登山队，再次登上了勃朗峰，揭开了现代登山运动的序幕。在整个登山过程中，他们进行了有关生理、自然环境等多方面的考察，取得了高山科学的宝贵资料。

（二）登山运动的发展

1786 年登山运动诞生以后，特别是 1850 年以后的 15 年间，阿尔卑斯山区的登山运动发展非常迅速。世界上第一个国家性的登山组织——英国登山俱乐部，于 1857 年宣告成立。这一时期阿尔卑斯山的西欧第二高峰杜富尔峰（4638 米）和埃克兰峰（4103 米）、芬斯特拉尔霍恩峰（4275 米）等 20 多座海拔 4000 米以上的山峰先后被征服。1865 年 7 月，英国登山运动员文培尔等人登上了当时被人们认为无法登顶的玛达布容隆峰（海拔 4505 米，陡岩峭壁，平均坡度 65°，有的地方 90°），至此，以阿尔卑斯山为中心的登山运动达到高峰，出现了所谓的"阿尔卑斯黄金时代"。

19 世纪末，登山运动从竞技登山和探险登山两个方面向前发展。一方面，以西欧阿尔卑斯山脉为中心的竞技登山持续活跃；另一方面，则是欧洲的登山家逐步向东欧的高加索、美洲的安第斯，特别是亚洲的喜马拉雅、喀喇昆仑等山区展开活动。攀登 6000～7000 米以上高峰的探险登山日益吸引着更多的登山探险家。1919 年英国登山俱乐部向全世界宣布，英国将从 1921 年开始向地球最高点珠穆朗玛峰挑战。到 1938 年，英国队共 7 次从中国西藏进入珠峰北侧，进行攀登活动，但均告失败。

从 1950 年到 1964 年的 14 年间，是人类高山登山运动发展的另一个重要阶段。1950 年 6 月 3 日，法国运动员莫·埃尔佐和勒·拉施纳尔付出了血的代价（一个人冻掉了双脚，一个人冻掉了一只手），成功登上了海拔 8091 米的安纳普尔那峰。1953 年 5 月 9 日，英国登山队的依·希拉里（新西兰人）和藤辛·诺尔盖（尼泊尔人，后加入印度籍）从南坡登上了珠穆朗玛峰。1964 年 5 月 2 日，中国登山队许竞（队长）、王富洲等 10 名运动员首次成功登上了海拔 8012 米的世界第 14 高峰——希夏邦玛峰，创造了 10 名队员集体登上 8000 米以上高峰的世界纪录。至此，仅仅用了 14 年的时间，地球上 14 座 8000 米以上的高峰，便全部被人类征服。世界登山史上将这段时间称为"喜马拉雅黄金时代"。

二、登山运动的特点及适用人群

（一）登山运动的特点

现代登山运动具有以下几个特点：

第一，它是一项难度极大的运动项目。登山运动是在独特、恶劣的自然环境里进行的，那里没有正规的场地，也没有助兴的观众；登山者要在高空缺氧、暴风严寒、陡峭岩壁、雪坡冰墙以及纵横交错的明暗裂缝等复杂的地区和困难情况下进行长时间的活动，因而登山运动难度极大，富有挑战性。

第二，它是一项装备要求很高的运动项目。在独特的大自然环境里，登山运动员所用的装备、器材要求很严。如进行一次登山活动，常常要求随身携带登山的各种装备器材、食品、燃料、医药用品、生活必需品以及摄影、通信等器材。

第三，它是一项安全性要求很高的运动项目。由于登山活动是在独特的大自然环境中进行的，主客观的艰险是始终存在的。如各种陡险的山坡、山间急流、滚石、冰崩、雪崩、明暗裂缝、暴风严寒、日光辐射、严重缺氧以及指挥不当、计划不周、组织工作不完备、技术不佳、思想麻痹等主客观因素，不时威胁着运动员的安全。

第四，它是一项对体能要求很高的运动项目。每一次登山活动，所需的时间较长，都是一次对运动量要求很大的尝试，对运动员所承受的体能、生理负荷都有很强的挑战。

第五，它是一项训练特殊的运动项目。通常情况下，运动员平时不可能在所要攀登的山峰及山区进行实地训练，只得在低海拔地区进行模拟式的体能训练。

第六，它是一项系统管理要求很高的运动项目。登山运动中的组织领导、临场指挥、后勤保证、医务监督、科学研究、取回资料、气象保障、通信联络等，虽然与训练工作没有直接关系，但是都必须予以注意和安排。

对于普通登山运动来说，其特点有：运动强度适中，运动技术要求较低，运动开展较为随意，运动花费低，运动健身效果明显，感官刺激丰富等。普通登山爱好者基本能满足以上条件，这使得普通登山运动成为大众运动项目。

（二）登山运动的适用人群

现代登山运动是一种极限运动，它依靠险峻的山地地形、苛刻的攀登要求挑战着参与者的体力、技术、自信心等。因此，现代登山运动在体力上有苛刻要求，它适于体力充足的青壮年爱好者参与。现代登山运动有助于青少年磨炼意志、增强自信心，是对青少年良好的实践教育；现代登山运动需要高度的精神集中力，因此有利于工作人群参与以摆脱压力、释放抑郁；现代登山运动常常需要团队合作才能完成攀登，因此适用于对各种团队的合作精神的磨炼，对于增强新生团队的凝聚力、教授团队新成员协作精神具有重要意义。

普通登山运动适于各年龄段的爱好者，不论是青少年还是花甲老人，都能通过普通登山运动达到健身、健心、愉悦自身的目的。除了有效改善参与者呼吸机能以外，普通登山运动还可以促进青少年儿童神经系统发育，丰富青少年儿童的自然知识，引起其学习兴趣；释放工作人群压力，避免压力过大而引起的抑郁、暴躁等不良心理和行为；改善老年人心境，排解老年人孤寂感，唤起老年人的生活热情。普通登山运动适用年龄段广，参与效果明显，是真正的老少皆宜的健康运动。

三、登山运动的发展趋势

（一）普通登山运动

普通登山运动在国内外已经是全民参与的大众运动项目，由于其给予参与者良好的健身效果和赏心悦目的感官刺激，深受大众喜爱。当今社会竞争压力充斥着人类生活的每个角落，在巨大的压力下生活的人们迫切地需要对现实生活的短暂逃离以休养身心。于是，便于开展、健身与健心效果明显的普通登山运动便成为广大社会成员优先选择的运动项目。在这种形势下，普通登山运动将更加受到大众的热爱，以极高的参与率成为世界上最为普及的运动项目之一。

（二）现代登山运动

现代登山运动的惊险刺激带给参与者巨大的新鲜感和成就感，但其对参与者各方面的苛刻要求，使得其目前仍是一项冷门运动。现代社会追求个性发展，社会成员越来越追求自身的与众不同。受现代文化的感染，许多年轻人投身到现代登山运动的探险队伍中来，并且引领着登山运动走向更为广阔的空间。近来现代登山运动又开拓出负重登山、山地车登山等，为现代登山运动带来了活力。相信不久的将来，现代登山运动形式将更为丰富，借助于形式的增多适用人群的范围也会拓广，参与者年龄段拓宽将引起参与者人数增多，传播面更广泛，形成更多的吸引潜在参与者的良性循环。现代登山运动追求山峰的高度、难度，同样是攀登世界之巅的珠穆朗玛峰，顺着不同难度的路线攀登代表着不同的荣誉。

　　不论何种登山运动，都具有增强参与者体质，开阔参与者视野，提高参与者野外环境的适应能力，陶冶情操，升华趣味，培养团队意识等重要意义。

第二节　攀岩休闲运动分析及指导

　　攀岩运动又称为"岩壁上的芭蕾"，是指攀岩者依靠自身顽强的意志、体力和思维能力，借助于攀岩装备或同伴的保护，能够在不同高度和角度的岩壁上，在有限时间内选出自己认为最佳的路线，通过准确地完成一系列的技术动作完成攀登的运动。当今的攀岩运动已拥有自己的语言、技术、装备和安全保障，并得到了快速发展，已经成为现代人们的一项时尚休闲运动。

一、攀岩运动的起源和发展

（一）攀岩运动的起源

　　世上最早的攀岩者应该是远古时代的人类，他们为了生活与生存，时常要在山上捕猎或躲避敌人，他们在山中的纵身一跳也成就了最原始的攀岩运动。而人类最早关于攀岩的记录是 1492 年在法国国王命令之下，Domp Julian de Beaupre 成功攀登一座高度 304 米的石灰岩塔。那次攀登成为历史上第一个有记录的攀岩事件。在之后几百年的岁月中，历史上没再留下人类新的攀登记录。直到 17 世纪中期，人们攀登高山的活动开始重新被记载下来。

现代攀岩运动是在登山运动的基础上衍生出来的新兴运动项目，起源于欧洲的阿尔卑斯山脉，登山者为了克服类似阿尔卑斯山复杂困难地形的山脉，攀登到山脉顶峰，进而发展出一套系统的攀登技术。只是此时无论在技术上或者器材上都还相当简陋，直到第二次世界大战前后才逐渐形成了现在攀岩运动的雏形。到 20 世纪五六十年代才正式出现了现代意义上的攀岩运动。

1865 年，英国登山家、攀岩运动创始人爱德瓦特首次用简单的钢锥、铁索和登山绳等技术装备，成功地攀登上了险峰。1890 年，英国登山家马默里改进了攀登工具，发明了打楔用的钢锥和钢丝挂梯以及各种登山绳结，把攀岩技术推进到新的阶段。然而攀岩运动真正发展成为一项独立的运动项目是在 1970 年的法国，而此前攀岩运动都附属在登山运动之下。"运动攀岩"也是在这一时期才被真正提出，并赋予明确的定义。从此，攀岩运动脱离了登山运动单独发展起来。虽然攀岩运动已经发展成为一项相对独立、成熟的竞技运动，但由于它是在登山运动的基础上衍生出来的，因此至今仍与登山运动有着密切联系。所以，攀岩运动往往被人视为登山运动的分支。

（二）攀岩运动的发展

攀岩运动在 20 世纪 50 年代兴起于苏联，并得到了快速发展。1947 年苏联首先成立了攀岩委员会，并于 1948 年在国内举办了首届攀岩锦标赛，这也是世界上第一次攀岩比赛。1974 年 9 月，苏联和捷克斯洛伐克的登山组织，在克里米亚发起举办了首届"国际攀岩锦标赛"，英国、民主德国、联邦德国、意大利、美国和日本等 12 个国家的 213 名选手参加了比赛。随后攀岩在欧美地区繁盛起来，形成了世界性的运动项目。1989 年首届世界杯攀岩赛分阶段在法国、英国、西班牙、意大利、保加利亚和苏联举行，1991 年举办了首届世界攀岩锦标赛，1992 年举行了首届世界青年攀岩锦标赛，1993 年国际奥委会正式认定攀岩为 2006 年都灵冬奥会表演项目。

攀岩运动真正走入中国是在 1987 年，目前已举办了多届全国性的攀岩比赛，比赛项目有男、女单人攀登赛，双人结组攀登赛和人工岩场的攀登比赛。但不论哪种比赛都是以攀岩技术为基础发展起来的。1987 年 10 月在北京怀柔大水峪水库自然岩壁举办了第一届全国攀岩比赛。1990 年在怀柔国家登山队训练基地的人工场地上第一次举办了攀岩比赛。1993 年，攀岩比赛被国家体委列入正式比赛项目。从 1997 年开始，国内每年要举行两次以上的全国或国际性比赛。

攀岩运动在欧美、日本、韩国等国家深受青少年的喜爱，并在其国家或地区得到快速发展和普及。据统计，从 20 世纪 90 年代开始，美国的登山爱好者以每年 53% 的速度剧增。尤其在美国、法国、德国、印度等国家，攀岩运动已被规定为所有学校学生和军人必修的课程。在我国，特别是北京，了解攀岩的人已为数不少；参与攀岩已成为许多青少年的时尚运动。但目前攀岩运动还没有在全国范围内得到很好的普及推广，不过通过近几年新闻媒体的大力宣传，东南沿海、西南及西北等地区也纷纷要求开展这项运动。全国已经建好或正开始修建各种各样的天然及人工攀岩场地供人们训练和娱乐。参与的人群越来越多，参加者的职业也越来越广泛，年龄不再局限于青年学生，发展的前景十分可喜。

二、攀岩运动的特点及适用人群

攀岩运动以其独特的登临高处的征服感吸引了无数攀岩爱好者。它是集竞技、娱乐、休闲、健身于一体的一项智力与体力并重的智慧型体育项目。它之所以能成为现代都市的一项时尚运动，在于其背后蕴藏着丰富的人文内涵，无论从心灵深处还是生活方式都充分表达了人们要求回归自然、挑战自我的愿望。

（一）攀岩运动的特点

第一，塑造性。最新科学发现练习攀岩的最佳年龄在 2～13 岁，这也是人一生中最佳人格塑造期。这是因为攀岩者在攀岩过程中需要顽强的毅力、拼搏的精神、克服困难的信心、高度的集中力以及良好的判断力和思考能力，这些思想和能力在攀岩中的形成与完善，会促进人的社会适应能力、抗压能力以及心理健康的提升和发展，进而塑造完美的人格。

第二，教育性。攀岩运动以其独特的方式发挥着教育功能。攀岩运动能够教育每个参与者要具有良好的创新精神和实践能力，要有吃苦耐劳精神、克服困难的意志、战胜困难的信心。另外，还能够加深攀岩者对大自然的理解，从直接体验中发现自我、完善自我。

第三，健身性。攀岩运动要求攀岩者在各种不同的高度及角度的岩壁上轻松舒展、准确地完成腾挪、转身、跳跃、引体等惊险动作。因此，要求攀岩者的身体素质要全面。首先，通过攀岩运动能够增加身体柔软度与协调感，这是攀岩的关键能力，其重要性更胜于体力；国外已有医疗领域研究者将攀岩用来矫治孩童肌肉发展及手、眼、身体之协调训练上。其次，增强体能。攀岩需要攀岩者具有很好的耐力，经过长时间的练习可以增加练习者的耐力、爆发力。最后，攀岩运动展现的是手脚均衡的力与美，并且足以负荷自己的体重，对抗地心引力，攀岩者利用岩壁上的人工岩点，做连续的引体向上以及跳跃移动，会使一些很少运动的小肌群、小关节也能得到充分的锻炼，这对身体的各部分素质发展都具有很好的效果。

第四，安全性。很多人认为攀岩是一种非常危险的运动，以至于不敢接近攀岩运动。虽然攀岩会有造成危险的可能，但那不是攀岩运动，而是攀岩特技表演。任何一个从事攀岩运动的人，假如他能遵守安全规定并且使用合格的器材，这项运动基本上是没什么危险的，当然在天然岩场有时会发生攀岩者遭落石击伤的事件，或因天气突变而产生灾害，但20世纪80年代人工攀岩场发明后，这类型的危险被完全排除。英国登山协会历时两年的攀岩运动受伤情况调查也充分表明了攀岩运动的低危险性。

第五，观赏性。攀岩比赛中的岩壁上会根据比赛要求设置攀爬难度大的坡度，这需要攀岩者运用良好的身体素质做出难度相当大的动作才能完成攀爬，当攀岩者做出一些高难度动作时会给观众带来视觉和精神的享受，进而陶冶其情操。

（二）攀岩运动的适用人群

攀岩最让人心动的是那种挑战自然、挑战自我后的征服感。现代生活的快节奏，往往给人带来太多的压力、烦恼、疲惫和困惑，攀岩运动作为一项大众都可以参加的普及性运动，正好提供了锻炼意志、增强信心、放松自我的空间。作为攀岩运动爱好者，无论年龄大小，只要有面对困难的勇气，都可以尝试攀岩运动。对娱乐、挑战自我的人来说，什么年龄段都可以参加，但对于有心脏病和其他不适合这类运动的人群要慎重选择。

三、攀岩运动的发展趋势

攀岩运动作为一项大众均可以参与的普及性运动，在我国正处于起步阶段，在国外却很普及。在欧美国家，攀岩运动以投资少、费用低和自主性强而受民众的喜爱。据统计，1990年以来，美国登山攀岩人数以每年53%的速度递增。攀岩运动被人们公认为高雅、文明的高层次休闲体育运动项目。随着我国经济的发展和人们物质文化需求的日益提高，人们越来越热衷于旅游和冒险运动。目前国内的旅游资源多，但形式过于单一，难以满足不同爱好、不同层次的人们的需要。而旅游形式的多样化将是未来发展的主要趋势。作为一项新兴的具有冒险和创新精神的极限运动，攀岩的确是这几方面的完美结合，它对推广全民健身及推动当地旅游、休闲、娱乐事业的发展有着不可估量的作用。最近几年经过媒体的宣传报道，攀岩运动在我国的影响力逐渐增大，参与人群越来越多，已不局限于青年人，再加上奥运圣火被以攀登的方式送上珠穆朗玛峰，加大了对攀岩运动的宣传，增加了人们对攀岩运动的了解，这项运动必会逐步走入群众，被更多的人所接受和喜爱。

第三节　漂流休闲运动分析及指导

漂流运动是驾驶无动力的橡皮筏或竹筏等，利用船桨掌握航向，在流动速度不定的水流中顺流而下的一项惊险刺激的体育运动，主要分为激流漂流和平水漂流两种。随着人们生活水平的提高和健康意识的增强，以及寻求探险刺激精神的迸发，以回归自然、挑战极限为主旨的漂流运动日渐成为现代人追求的一种时尚休闲方式。

一、漂流运动的起源和发展

（一）漂流运动的起源

漂流最初起源于因纽特人的皮船和中国的竹木筏，曾是人类一种原始的涉水方式，但那时候漂流的主要目的是满足人们的生活和生存需要。漂流成为一项真正的户外运动是在第二次世界大战之后发展起来的。一些喜欢户外活动的人尝试着把退役的充气橡皮艇作为漂流工具，逐渐演变成今天的水上漂流运动。

在我国，漂流运动的起步较晚，大多数的水上漂流活动还仅仅停留在小范围的对自然河段的利用上，而真正开发出来的商业性河流资源还比较少。随着人们户外活动项目的不断拓展和技术技能的不断提高，也许在不久的将来，漂流也能作为一项竞技性的运动给人们带来更多的刺激和欢乐。1952 年年底，中国首次制造出自己的皮划艇。1954 年在北京市水上运动会上，设立了男子 1000 米和女子 500 米皮划艇比赛项目。1974 年中国加入国际划联。1975 年皮划艇被列为全运会正式项目，同年中国开始参加世界锦标赛。2004 年雅典奥运会，孟关良和杨文军取得男子 500 米双人划艇金牌，就选手抗衡的能力而言，中国漂流运动正越来越受到世界瞩目。

（二）漂流运动的发展

漂流是一项勇敢者的运动。在一条延伸到峡谷坚硬的腹地蜿蜒流动的河里，驾着无动力的小舟，利用船桨掌握好方向，在时而湍急时而平缓的水流中顺流而下，在与大自然抗争中演绎精彩的瞬间，感受惊险与刺激，期待"有惊无险"后的轻松，从而达到愉悦身心、强身健体的目的。在忙碌的都市生活中，人们一直缺乏的就是这样的一种激动、一种区别于平凡生活的独特感受。就是这样一种感受，使都市人为之倾倒，使之成为生活的一部分。

随着社会的发展，生活水平的提高，回归自然、挑战自然成为现代人追求的时尚。漂流运动以其特有的运动形式成为现代人融入自然、挑战自然的工具。激流皮划艇、障碍回旋、激流马拉松、漂流、皮艇球项目应运而生，这些项目一经出现立即得到了追求时尚、热衷户外运动的年轻人的喜爱，并迅速在世界各地得到普及。又因为其高观赏性、高收视率特点，在很短时间内它得到了媒体特别是电视公司的青睐。由于电视媒体的介入，这就使皮划艇竞赛成为极好的广告载体，从此漂流运动成为众多企业、各大公司推广形象、开拓市场的极好投资途径。

中国的漂流运动也正在兴起。在国内许多著名的江河中已开展起皮划艇的竞赛和橡皮艇的旅游，随着此项目在中国的普及和开展，中国的漂流也将会在不远的将来被越来越多的人喜爱。

二、漂流运动的安全知识与注意事项

（一）漂流运动的安全知识

第一，漂流过程中不要做危险动作。一般来说，漂流运动应该是比较安全的，只要不自作主张随便下船、不互相打闹、不主动去抓水中的漂浮物和岸边的草木石头，漂流筏不会翻。当然，一旦"翻船"也没关系，只要憋住气，小心不呛水就行，因为身上有救生衣。

第二，漂流过程中要一切听从指挥。漂流船通过险滩时要听从船工的指挥，不要随便乱动，应紧抓安全绳，收紧双脚，身体向船体中央倾斜。

第三，漂流过程中要注意沿途的箭头及标志，它可以帮助漂流者指明主水道，也可以提早警觉前方的跌水区与危险区。

第四，漂流过程中要管理好随身物品。由于全程跌水区及大落差区很多，所以一定不要携带怕水的东西，以避免掉落或损坏，戴眼镜者需找皮筋系上眼镜。

第五，漂流过程中必须全程穿着救生衣。因为一旦掉入水中，救生衣会把人从水中浮起来，即使会游泳也必须全程穿着，确保漂流安全。

第六，在下急流时，艇具要与艇身保持平衡，漂流者要抓住艇身内侧的扶手带，后面一位身子略向后倾，双人保证艇身平衡并与河道平行，顺流而下。

第七，当艇在受卡时不能着急站起，应稳住艇身，找好落脚点才能站起，以保证人不被艇带下水。当误入其他水道被卡或搁浅时，应站起下艇，找到较深处时再上艇，不能在艇上左右晃动，以免发生安全事故。

（二）漂流运动的注意事项

第一，每年的 4 月至 10 月一般为参加漂流运动的最佳时间。

第二，漂流前一定要将救生衣、安全帽、漂流鞋穿好戴牢，途中不得松开或解下；最好携带一套干净的衣服，以备下船时更换，同时最好携带一双塑料拖鞋，以备在船上穿。

第三，漂流时不可携带现金和贵重物品上船，若有翻船或其他意外事情发生，漂流公司和保险公司不会赔偿游客所遗失的现金和物品。

第四，上船后要做的第一件事是仔细阅读漂流须知，听从工作人员的安排，穿好救生衣，找到安全绳。

第五，最好在气温不高的情况下参加漂流；为防止下雨带来的不便，最好在漂流前准备好雨衣。

第六，漂流船通过险滩时要听从工作人员的指挥，不要惊慌乱动，应紧抓安全绳，收紧双脚，降低重心，坐好抓牢，同时身体任何部位都不要超出船身而要向船体中央倾斜。

第七，如果被船扣住，则尽快推开船只；遇激流暗礁时，手臂和脚适当用力，分散股部重力，提防碰伤。

第八，若遇翻船，不要慌张，要沉着应对，救生衣会将人从水中浮起来。

第九，漂流途中，如遇大风、雷雨等恶劣天气时，应及时将皮筏划到安全的地方避险。

第十，不得随便下船游泳，即使游泳也应按照船工的意见在平静的水面游，不得远离船体独立行动。

三、漂流运动的发展现状与建议

（一）漂流运动的发展现状

第一，漂流运动的普及化、专业化程度较差。我国漂流运动起步较晚，开发的河段也屈指可数。目前经营漂流的河段多是短距离、低难度和体验性的平水漂流；器材装备简单，救生设备较差，船具多为橡胶材料，有的甚至还是原始的竹筏；体育精品赛事缺乏，体育资源价值深度发掘不足，赛事宣传营销不够；缺乏接受过专业漂流训练的从业人员，没有形成固定化、组织化的漂流队伍；一般大众仅以娱乐为主，对漂流知识知之甚少，没有掌握渡河、操桨和应急技巧等专业技术技能。

第二，漂流运动缺少完善的法律法规。我国的漂流运动目前漂流景区管理有诸多不完善之处。从政府管理层面看，也没有明确规定。1998 年颁布的《漂流旅游安全管理暂行办法》，只对漂流景区的漂流工具、救生人员、救生设备及应急预案等提出了明确的要求，没有对漂流景区提出建立在紧急情况下让游客避险的平台和逃生通道的要求。而国家旅游局正在征求意见的《旅游者安全保障办法》（初稿）将取代《漂流旅游安全管理暂行办法》，仍然没有明确漂流景区硬件建设上的标准要求，更不要说避险了。因此规范漂流尚存在法律空白，目前众多的漂流景区，往往注重对河道礁石等漂流险情的治理，很少建有安全逃生平台。

第三，漂流运动前景广阔。漂流作为一项新兴的体育旅游项目，以其体验性、参与性等特点，迎合了体育爱好者崇尚自然、超越自我的心理，一经开发就得到了广大游客的青睐。再加上我国地理条件优越，自然资源丰富，政府高度重视，漂流运动发展势头强劲，具有广阔的发展前景。

（二）漂流运动的发展建议

第一，加强政府的监管力度。政府部门应做好景区科学规划，强化漂流运动管理，优化景区环境，提升服务质量，加强营销宣传，大力建设以漂流运动为主题的综合旅游景区。近几年，水上漂流旅游在全国各地蓬勃兴起，但由于漂流旅游缺乏统一有效的规范管理，当前存在一些安全隐患。为防止事故发生，保证漂流旅游健康发展，各级管理部门采取了一系列监管措施：根据当地漂流特点，依靠当地政府制定相应的安全管理规定；对漂流工具安全性能进行检验，漂流工作人员考试发证后准予上岗；督促漂流经营人落实企业内部安全管理责任，制订安全保障措施和事故应急反应计划，为旅客办理人身意外伤害保险等。

第二，打造漂流运动旅游景区。我国的漂流运动及旅游开发在规划各地旅游产业发展时，完全有必要以漂流运动为着力点，坚持科学性、前瞻性、可操作性等原则，以自然资源、人文资源为依托，以市场需求为导向，做好旅游市场环境分析、游客特征分析和市场定位分析，科学规划、突出重点、力求特色，加强旅游形象策划、包装和宣传，融合沿途两岸民俗文化，建成以漂流运动为主题的综合旅游景区，把漂流运动打造成当地旅游的一张名片。

第三，加强环境综合治理。一是要加强环境保护工作，采取景区分级保护措施，维护生态平衡，保护自然人文历史景观；二是加强护林防火的宣传与管理，及时清理乱搭乱建和违章建筑物，有效治理垃圾污染，保障景区的可持续发展；三是抓好旅游"软环境"建设，坚持以人为本，围绕游客需求，从工作点滴和服务细节入手，全面提高服务质量和管理水平，坚决打击欺客宰客、强买强卖等行为，吸引更多的群众参与到漂流运动中来。

第四，举办高水平赛事。我国近几年举办的漂流节，不仅为全民健身运动注入了活力，也产生了较好的经济社会效益，景区知名度不断提高，游客人数、门票收入、旅游总收入等明显增加，促进了餐饮、住宿等服务业的发展。但我国漂流的品牌内涵不全面，仅注重开发其旅游价值，停留在旅游文化推广和游客参与体验的层面，而在体育价值的开发上没下大力气。今后要进一步加大对漂流的体育项目投入，增加专业漂流器材和装备，重点开发难度较大、适合举办竞技比赛的河段，借助电视、网络等媒体加强赛事策划与营销，吸引国内外职业选手组队参赛，将以往的漂流节升级为水平高、专业性强、全国知名的漂流运动精品赛事，实现体育和旅游真正对接。

第五，培养漂流运动的高级专业人才。充足的、高质量的人力资源是漂流运动发展的基础和关键。当前我国户外运动人才奇缺，培养专业户外运动人才的高校也不多，这与我国户外运动蓬勃发展的势头是不相称的。我国目前从事漂流运动的人员，既没有受过专业的户外运动培训，又没有丰富的户外运动经验与知识技能，更没有任何户外运动等级证书。他们不仅不能对参与者进行科学指导，有效提高运动水平，也为漂流运动埋下事故隐患，更不利于漂流运动的长远发展。因此，要想稳定地、快速地培养漂流运动人才，就必须充分发挥地方高校资源优势，在高校中开设户外运动专业，培养高素质、高水平的漂流运动人才。体育部门也应通过举办漂流运动培训班，提高漂流运动从业人员的专业水平，促进漂流运动步入规范化、行业化发展的道轨。

第四节 垂钓休闲运动分析及指导

垂钓俗称"钓鱼"，是通过使用钓竿、渔钩、渔线等工具从江、河、湖、海及池塘、水库等水域获取鱼类的一项休闲娱乐活动。因经常活动于空气清新、风景秀丽的海滨、湖畔或江河边，既可陶冶情操，又益于身心健康，因而近年逐渐发展为一项体育竞技运动。垂钓运动一年四季均可参与，但春、秋两季最适宜。垂钓者或站或坐，动静结合，老少皆宜，与鱼儿比耐心、比力气，在抛竿、收线中获得无限快乐。

一、垂钓运动的起源和发展

（一）垂钓运动的起源

钓鱼运动起源于古代的劳动过程，可追溯到几十万年之前。中华民族的先人就是以捕鱼为生。那时的摸鱼、叉鱼、棒鱼、射鱼、网鱼和钓鱼，都是古代人谋生的劳动手段。当社会生产力不断提高，发展到封建社会时期，垂钓才逐渐成为一种体育运动，才被越来越多的人所接受。

考古学家在黑龙江小兴凯湖岗上以及陕西省西安半坡文化遗址中发现了大量骨制渔钩，距今大约有 6000 年的历史，这足以证明，中国钓鱼习俗在新石器时期的母系氏族社会已经形成。这些渔钩造型多样，有的钩尖下面磨出有倒刺，多数还磨有拴钓线的槽，这些均可证明当时垂钓活动已处在一个较高水平。

纵观人类历史，人类多聚居于江河流域，这为人类从水中获取食物提供了天然条件。人们通过长期的观察、积累经验，发现鱼儿喜食落入水中的昆虫、草叶等食物，由此发明了利用饵捕鱼的方法，即钓鱼。随着科学技术的进步，以及生活资料的极大丰富，钓鱼逐渐从生产劳动中分离出来，成为一种富有趣味、有益身心的时尚休闲运动。

（二）垂钓运动的发展

钓鱼运动虽然起源于古代的劳动过程，但是数千年来，主要还是囿于社会上层人物和文人墨客等有闲人士之中。一般民众（尤其是广大群众）即使捕鱼和钓鱼，也是为了生计。钓鱼运动真正作为一项增强人民体质和增进身心健康的体育运动和娱乐项目，还是20世纪50年代以后。

20世纪80年代以来，钓鱼运动有了长足发展。1952年英国等欧洲国家发起组织和成立了"国际钓鱼运动联合会"。1983年9月"中国钓鱼运动协会"成立，并制定和执行了钓鱼运动员和裁判员的等级标准。各种规模的钓鱼运动国际比赛和国内大赛，以及不同地区和不同单位的联谊赛、邀请赛接连不断。体育报刊常常发表介绍钓鱼知识和各种比赛盛况的文章。1984年，《中国钓鱼》杂志面向全国发行。这些都有力地促进了钓鱼运动的迅速发展。伴随国家经济的繁荣，民众物质生活和精神生活水平不断提高的需要，具有独特的修身养性和改善健康状况的钓鱼运动，越来越受到广大民众的喜爱。

为了吸引更多的户外运动者加入钓鱼的队伍，各国钓鱼组织均积极开展各种形式的活动，同时合理地进行规划。小到县城，大到国家、洲际甚至全球，都有各级别的赛事。赛事中除了传统的男女分组赛外，还增加了夫妻组队参赛模式。钓鱼组织的活动资金，部分来源于各大渔具厂商的赞助和政府机构的预算，剩下的则由钓鱼组织自身通过经营活动获得。

目前，国外的钓鱼赛事在组织规模方面的发展相对成熟。比如，BASS赛事，它由全球规模最大的BASS协会、ESPN和Pure Fishing等公司共同举办，依靠BASS全球规模的俱乐部组织机构、ESPN庞大的媒体网络和Pure Fishing等公司的技术及资金支持，这一赛事已成为国外影响力最大的全年性全球钓鱼锦标赛。

二、垂钓运动的特点

垂钓属于一种轻体育运动，是一项动中有静、静中有动、形神合一、净化心灵的体育活动。古人云："静以修身，俭以养德，非淡泊无以明志，非宁静无以致远。"和其他体育活动相比，垂钓有以下特点：

（1）设备简单且简单易学。垂钓是一项传统的娱乐项目，它对设备的要求相对较低。如果想去钓鱼，选一处钓点，带上渔竿、鱼饵即可。从省时快捷的角度讲，从未尝试过钓鱼的人，只要耐心学习，很快就会掌握钓鱼的基本技巧。

（2）适用人群广泛。钓鱼是一项轻体育运动，活动量较小，它对垂钓者的年龄、性别等要求不大，年少、年长者均可以参加并从中获取乐趣。但据美国和英国 2003 年公布的渔业资源调查报告显示，钓鱼者的年龄渐趋年轻化，一般为 42～64 岁，原因在于各年龄段人的性格、闲暇时间不同。

（3）随意机动性强。简单方便，垂钓者只需一辆自行车，带上渔具和一个盛鱼的用具，即可解决垂钓的机动性问题。

（4）精神愉悦性强。随着生活资料的日益丰富，现代垂钓也逐渐脱离了生产与生活的性质。对于垂钓，人们更加注重的是精神的愉悦。

三、垂钓运动的发展趋势

（一）潜在人群多

首先，度假娱乐拓宽了垂钓空间。科学技术的进步促使生产力进一步解放，人们的闲暇时间增多，现在甚至有人提出四天工作制的建议。增多的节假日为人们提供了充足的休闲时间，不少城镇居民把垂钓娱乐作为日常休闲的重要内容，垂钓业日益被看好，垂钓市场不断拓宽。其次，收入提高，拉动了垂钓消费。随着全球经济迅速发展，居民收入显著增加，在世界各地掀起垂钓热，同时异地垂钓也变得相当普遍。

（二）市场前景好

作为渔业发展中的新领域，垂钓旅游业产值为常规渔业产值三倍以上。垂钓旅游业把休闲、娱乐、旅游、餐饮等行业与渔业结合为一体，提高了渔业的社会、经济和生态效益，并逐步成为现代渔业的一个支柱产业，市场前景十分广阔。一些地方还准备建设国际垂钓中心和豪华游钓场、适合普通游客的休闲垂钓中心、垂钓俱乐部、娱乐广场等来满足不同顾客的需求。同时还能带动相关产业休闲渔业的发展，它涉及面很宽，需要相关产业的配合，如旅游服务业，包括餐饮、住宿、娱乐购物中心等。再者，垂钓业还能带动钓具、钓船、渔港码头等的发展。从另一个角度讲，各项配套服务产业的发展，同样促进休闲渔业的繁荣。总之，垂钓旅游业必将是渔民致富的新路。

（三）社会发展和环保的需要

垂钓旅游业是渔业现代化、农民增收的重要途径。农产品的绿色革命逐渐渗透到其他领域，包括垂钓业。环境宜人、丰富无污染的水利资源，是大力发展垂钓旅游业的基础。在渔业资源日趋衰竭，渔民收入下降的情况下，发展垂钓旅游业可以有效地保护渔业资源，保证生态平衡，满足人们旅游观光娱乐需求，从而增加渔民收入，提高渔业经济效益，是一种值得大力推广的渔业经济发展新思路。

（四）休闲渔业前景广阔

随着经济社会的发展，居民生活水平的提高，普通居民回归自然、亲近自然的渴望和消费需求也日益迫切，于是休闲渔业应运而生。休闲渔业是利用渔业资源、渔业设施、渔业生产器具、渔产品，结合当地的生产环境和人文环境来规划休闲空间和相关活动，提供给人们体验渔业活动并达到休闲、娱乐功能的一种产业。休闲渔业大致可以分为养殖垂钓型、垂钓型和垂钓餐饮结合型三种类型。

作为一种精神享受和健身之道，垂钓能够起到其他体育运动无法替代的效果。长期参加垂钓，可以增强体质、增大肺活量、让血液循环通畅、新陈代谢旺盛，使人身体健康、精神抖擞。作为一种新兴产业，以垂钓为主的休闲渔业具有较广的市场接受面，它集健身、休闲、娱乐于一体，全方位地满足人们的多种需求，具有极大的发展空间。

第五节 拓展休闲运动分析及指导

拓展运动又称外展训练（outward bound），原意为一艘小船驶离平静的港湾，义无反顾地投向未知的旅程，去迎接一次次挑战；现意是指在自然地域，通过模拟探险活动进行的情景式心理训练、人格训练、管理训练等，它是一项集求生、惊险、刺激、娱乐和教育于一体的极限运动。通过培训师的引导和讲解以及各种有趣的游戏、身体的磨砺等亲身感受方式，参与者达到"磨炼意志、陶冶情操、完善自我、熔炼团队"的运动目标，它已经逐渐成为一种和传统的教育模式相互补充的体验式教育模式。

一、拓展运动的起源和发展

（一）拓展运动的起源

拓展训练起源于第二次世界大战期间的英国。当时，盟军在大西洋的商务船队屡遭德国纳粹潜艇的袭击，许多人葬身海底。船只被击沉后，只有极少数水手能够生还。英国的救生专家对生还者进行了统计和分析研究，他们惊奇地发现，这些生还者并不是那些身体最强壮、游泳技术最好的人，而是那些有着顽强的意志和强烈求生欲望、良好的心理素质、较丰富的生活经历和生存技能的人。针对这种情况，德国人库尔特·汉恩提议，利用一些自然条件和人工设施，让那些年轻的海员做一些具有心理挑战的活动和项目，以训练和提高他们的心理素质和生存技巧。后来，其好友劳伦斯在 1942 年成立了一所"阿德伯威海上训练学校"，以年轻海员为训练对象，后来逐渐开展军队士兵生存能力的训练。这也是拓展训练最早的一个雏形。

战争结束后，海上训练学校的利用价值大大降低，但是拓展训练以它独特的魅力吸引着越来越多关注的目光，一批有识之士发现了它最有价值的方面，并将管理心理学、组织行为学以及发展心理学等相关学科的理论融入其中，以拓展训练的培训模式为载体，研发出一套适应企业的管理规范和团队建设的课程。于是，拓展运动的独特创意和训练方式逐渐被推广开来，训练对象也由最初的海员扩大到军人、学生、工商业人员等各类群体，训练目标也由单纯的体能、生存训练扩展到心理训练、人格训练、管理训练等，形成了现代拓展运动的模式。由于这种训练具有非常新颖的培训形式和良好的培训效果，很快就风靡了整个欧洲的管理教育培训领域，并在其后的半个世纪发展到全世界。

（二）拓展运动的发展

由于拓展运动的规范化发展和其深远的影响，其在创始不久就在世界范围内传播开来。1960 年，美国引进了 Outbound School，通过学员在高山大海的户外实践，直接影响学员的生活态度，这对嬉皮士盛行期的美国教育无异于注射了强心针，也在一定程度上使越战后人们的消极心理得到修复。在亚洲地区，新加坡最早建立 Outbound School，此后中国香港地区、日本先后引进了拓展运动。目前，世界许多国家和地区已有百余所从事此类培训的机构。拓展训练在发达国家已经进入到高校的管理专业课程，成为 MBA 团队管理课程的重要构成部分。总部设在英国的户外培训学校 Outbound School 已在全球五大洲设立了四十多所分校，受训人员包括学生、家长、教师、企业员工和各级管理人员。

1995 年，拓展运动走进中国。虽然该项运动开展的时间较短，但其影响力和普及率已经大大超乎人们的预期。自 2000 年，拓展培训机构如雨后春笋般遍布全国。目前，福建、上海、广东等地的拓展训练发展迅速，一些经济较发达的城市都已建立专业的拓展训练基地。很多城市已经将此训练的理念灌输到各个行业管理培训体系中。1999 年，清华大学率先将体验式拓展训练引入到 MBA、 EMBA 的教学体系之中。随后北京大学光华管理学院、中欧国际工商学院等学校的 MBA、EMBA 教育也纷纷把拓展训练作为指定课程内容。同时，拓展训练也逐渐被列入国家机关、外资企业和其他现代化企业的日常培训日程。由于拓展运动适应了时代完善人格、提高素质和回归自然的需要，因此成为新时代教育的新时尚。

二、拓展运动的特点及适用人群

拓展训练是一种开放、分享快乐的体验式训练，是对正统教育的全面提炼和综合补充。古人云：行万里路胜过读万卷书。知识和技能是有形的资本，而意志和精神则是无形的力量，因此，拓展训练更多的是心理挑战，在自然风光中使参与者完成一系列熔炼团队、挑战极限的活动，让学员在亲身体验中发掘潜能或反省自我。

（一）拓展训练的运动特点

第一，运动综合性。拓展运动的所有项目都以体能活动为引导，并引导参与者在认知、情感、意志、心理和社会交往等领域渐进性地变化为活动特点，它有明确的操作过程，要求所有参与者必须全身心地投入。

第二，挑战极限。拓展训练的项目都具有一定的难度，表现在心理考验上，需要参与者向自己的能力极限挑战，跨越极限；表现在团队协作上，需要参与者抛弃个人得失，为集体荣誉而奋不顾身。

第三，集体中彰显个性。拓展训练实行分组活动，强调集体合作，力图使每一名参与者都能为集体荣誉而竭尽全力，同时个人也能从团体协作中吸取巨大的力量和信心，在集体中彰显个性。

第四，高峰体验。参与者在克服困难，特别是顺利完成团队体验要求以后，能够充分体会到内心的愉悦感和自豪感，从而获得人生难得的高峰体验。

第五，自我教育。拓展运动是通过参与人员的亲身体验，再经过集体讨论得出自己的感悟，而训练师只是点到为止，主要让学员自己来讲，达到自我教育的目的。

第六，过程体验。通过体验，参与者能够认识到自身潜能，从而可以增强自信心、改善自身形象；通过竭尽全力地完成任务，可以克服心理惰性、磨炼战胜困难的意志；也可以启发想象力与创造力，提高解决问题的能力；通过集体的协作，可以充分认识到群体的作用，从而增进对集体的参与意识与责任心，改善人际关系，学会关心，更融洽地与群体合作；通过户外运动，也可以学习欣赏、关注和爱护大自然。

（二）拓展运动的适用人群

拓展训练是通过设定特殊的环境，让参与者运用个人和集体的力量克服所面对的挑战，其目的是激发潜能，熔炼团队，把人的身心能力中最卓越、最出色的部分升华到可能达到的顶峰，使人增强对自己的认识和对能力的挖掘。其独特的功能和目的决定了拓展运动最适宜的人群。

第一，刚进入单位的新员工。拓展训练讲究团队精神，提倡共享。对于刚到单位的新人来说，有亲和力的团队能让他们获得自信并增强沟通协调能力；而对于那些能"学以致用"的人来说，团队相互交流的讨论、分享，不仅可以丰富和更新自身的知识结构，还有助于培养他们独立思考问题的能力，这些对于启发他们如何挖掘自身潜力，发挥自己优势，有着积极的作用。

第二，缺失凝聚力的团队、情绪萎靡的员工。一个团队的队员工作时间长了免不了有惰性，原有的激情也会随时间推移慢慢消退，而且在一成不变的环境里，靠固有的沟通方式恐怕很难解决这些问题。经过拓展训练，人们的沟通协调能力、团队凝聚力就会增强，挑战自我、熔炼团队的目的就会实现，工作热情、工作态度也将会随之改变。

第三，位居要职、紧张工作的管理者。体验式拓展运动寓教于乐，为学习者提供了轻松、自然的学习氛围，并设置了趣味性强、富有挑战与激情的任务，这对于那些思维陷入某种惯性模式的管理者调整甚至全面重建自身的知识结构，使得思维重新高速运转，擦出新的火花，都有着很大的帮助。

第四，青少年。经过拓展训练的洗礼，可以培养青少年的集体观念、创新意识和环境保护意识。通过短暂的集体生活，感受集体的温暖，能正确认识人与人之间的交往关系，从而培养正确的人生价值观念。

三、拓展运动的发展趋势

随着进入工业化社会，很多社会人和管理者也会陷入落海水手的境遇——工作节奏快，人际关系复杂，这往往会造成很多人思想保守、情绪焦躁、精神压抑，更为严重的是很多人承受不了社会生活压力而做出极端的行为。这些现象给企业和个人带来很大的损失。由此，人们的生活方式与思想意识正逐渐发生变化，拓展运动开始被更广泛的人群所认识和接受。

人们对拓展运动的认识经历了一个由混沌到清晰、由低层次需要到高层次需求、由刚开始为外资企业在华机构提供服务到被广大的中国企事业单位所接受的发展过程。越来越多的人承认这样的培训形式对加强企业内部团队合作精神、激发个人潜能、解决团队和企业内部一些问题会起到一定作用。许多公司将拓展训练作为企业文化建设和新员工入职培训的一部分，通过拓展训练将其企业文化和团队合作精神传播给新员工，以期新员工更快地融入新的工作岗位，发挥其应有的作用，为企业创造价值。

众多的成人教育机构也在课程设计中引入了拓展运动，如浙江大学成教学院高管班、东华大学 MBA 班等。更重要的是，不光是企业，还有许多的机关事业单位也将这种培训形式引入他们的培训课程当中。他们同样也非常认可拓展训练，并且将拓展训练介绍给下属的一些企事业单位。还有一些机关单位将拓展训练作为机构创新改革培训的一部分。随着拓展训练在中国的本土化进程，它不仅促进某些团队内部问题的解决，还可以作为企业与客户之间增进关系，提升客户对企业认同度的一种方式。拓展训练在国外已经走过了 40 年的历程，中国只有短短的十几年，并且也只是近几年才开始流行的。但是，随着无序的混乱逐渐被国家相关部门引导与规范，拓展运动必将逐步步入正轨，也会从开展比较好的长江三角洲、珠江三角洲、北京等地区逐渐向中、西、北部地区扩散。因其独具的运动魅力、新颖的训练模式、蕴含的协作精神，这项运动必将被人们所熟知，并蓬勃发展。

第六节　高尔夫球休闲运动分析及指导

高尔夫球，俗称小白球，是一种室外体育运动。它是人们在天然优雅的自然绿色环境中，锻炼身体、陶冶情操、不断提高技术水平的具有特殊魅力的身体运动。高尔夫场地标准设计为 18 洞，个人或团体球员以不同的高尔夫球杆将一颗小球打进果岭的洞内，杆数少者优胜。目前，在亚洲、日本、欧洲、美国和南非都有成功的职业高尔夫球巡回赛，其中英国公开赛、美国大师（名人）赛、美国公开赛和 PGA（美国职业高尔夫协会）锦标赛是高尔夫球界的四大大满贯赛事。

一、高尔夫球运动的起源和发展

（一）高尔夫球运动的起源

高尔夫球运动的起源至今是一个没有定论的话题，比较一致的观点认为，高尔夫球起源于苏格兰民间，形成于 14－15 世纪，因为高尔夫球的名称"golf"便来自苏格兰的方言"gouf"，其意为"击、打"。如今，世界任何地方建高尔夫球场仍然模仿苏格兰最初玩高尔夫球那样，将球场建在生长着草丛的海边沙地附近。高尔夫球场既要有平坦的沙滩和葱绿的草皮，又要有一定的起伏和沟壑水流。设在海滨的现代高尔夫球场仍沿用苏格兰语的称谓"林克斯（1inks）"。1744 年，世界上第一家高尔夫球俱乐部就设立在苏格兰的爱丁堡。

1755 年，英国成立了"皇家高尔夫球俱乐部"，即现在的"圣·安德鲁斯皇家古代高尔夫球俱乐部"，而在此之前，英国最早的高尔夫球俱乐部——绅士高尔夫球社已经宣布成立，这两个高尔夫球俱乐部对苏格兰高尔夫球运动乃至世界高尔夫球运动的发展起到了重大的促进作用，它们是制定高尔夫球运动规则的鼻祖。17 世纪，高尔夫球被欧洲人带到了美洲，1788 年，南卡罗莱那州的地方性报纸上出现了有关当地高尔夫球的报道，1795 年美国成立了第一家高尔夫球俱乐部。

高尔夫球传入亚洲是在 19 世纪 20 年代。中国的高尔夫球运动始于 1896 年的上海高尔夫俱乐部。新中国成立后的第一个高尔夫球俱乐部是 1984 年开业的广东中山温泉高尔夫球会。1985 年，中国高尔夫球协会成立。从 1986 年起，中国高尔夫球协会每年举办一届"中国男子业余高尔夫球锦标赛"。1988 年后，又开始举办一年一度的"中国女子业余高尔夫球公开赛"。在 1986 年汉城亚运会上，中国运动员首次在国际比赛中亮相。

（二）高尔夫球运动的发展

高尔夫球运动在欧洲已有 500 余年的历史，传播到美洲至今也有 300 余年了，如今高尔夫球运动在西方发达国家已经成为全民参与的大众运动。美国 1945 年全国高尔夫球场有约 6000 块，而 2000 年左右便增至 20 000 多块，从事高尔夫球运动的人数也达到 2400 万。其中，历届美国总统对高尔夫球运动的热爱也是推动该项运动快速发展不可忽视的重要因素（艾森豪威尔总统就为推广高尔夫球运动做了许多工作），领袖的兴趣趋向也带动了国民的参与，这就使美国最早成为高尔夫球平民化的国家。其他发达国家的高尔夫球运动开展也比较迅速，如英国有 2000 多块高尔夫球场；日本的高尔夫球场数同样达到 2000 块，参与人数突破 1000 万，平均 12 人中就有 1 人参与高尔夫球运动；加拿大人口稀少却拥有 1600 块高尔夫球场；澳大利亚人口仅有 1500 万却有 1400 多块高尔夫球场；800 万人的瑞典拥有场地 500 块；就连人口仅 500 万的丹麦也有场地 300 多块。高尔夫球运动在这些国家已经成为国民随时可以随意参与的廉价运动，在美国公共球场打高尔夫球仅需要在中国打一场乒乓球的费用，在德国也仅相当于一张电影票的价格，费用的锐减成为高尔夫球平民化的关键推动力。

尽管高尔夫球在我国也经历了百余年的历史，但由于费用昂贵，该项运动依然只是在具有较强经济实力的人群中开展，正规的高尔夫球场大多被用于职业联赛和商业活动。随着我国经济的快速发展，人们对高尔夫球运动的需求不断增加，一些大中型城市相继修建了规模不等的高尔夫球场，并陆续组织了一些重大比赛，再加上各种传媒的渲染，极大地推动了高尔夫球运动在我国的发展。同时，中国高尔夫球协会也将推广重点由职业联赛转向普通百姓，对国内高尔夫球公开锦标赛赛制进行了改革，改造为业余选手的公开赛和职业选手的锦标赛，令更多的爱好者参与到高尔夫球运动中。目前，据中国高尔夫球协会不完全统计，我国有各类高尔夫球会近500 家，球洞数合计约 9500 洞。参加运动人数百余万，其中，参加中高级赛事活动的业余运动员 2000 余人，职业运动员 300 余人。

二、高尔夫球运动特点及适用人群

（一）高尔夫球运动的特点

第一，它是人与自然完美结合的体育运动。在众多的体育运动项目中，有许多体育运动也是在大自然的环境中进行的，如登山、攀岩、马拉松、冲浪等，但这些项目都具有挑战大自然、超越生命极限的特点，高尔夫球运动虽然也是一种在大自然中进行的体育运动，但它更崇尚在运动中体验人与自然和谐共处，享受大自然和贴近大自然成为该运动的主要特点。

第二，它具有很强的可参与性。高尔夫球运动基本与紧张、激烈的比赛场面无缘，展现了平和、舒展的运动特点，因而它的可参与程度很高，既不受年龄、性别的限制，也对身体素质、运动能力要求较低。在阳光的照射下，呼吸着清新的空气，漫步于天地人合一的大自然中，悠闲自得，既可结伴对抗，又可单人休闲；既能男女配对参加比赛，又能老少同组。

不论以什么方式，人们都可以尽情挥杆，享受运动的快乐。

第三，它具有很强的健身价值。任何一项体育运动都具有一定的健身价值，相比之下，高尔夫球运动的健身价值更显突出。它既不需要通过对机体的"超量恢复"训练来建立运动者良好的专项运动素质，也不需要对原有的身体素质提出过高要求来发展身体技能，运动者只要掌握了一定的技术方法就能参与其中。况且，在清新的空气中，心情放松，避开了城市的喧嚣与污染，从而达到了强身健体的运动目的。

第四，它注重礼仪与文明。高尔夫球运动将礼仪纳入运动规则，开创了世界体育运动史的先河。它所推崇的礼仪规范，有着深层的文化内涵和广泛社会意义。如规则中所提到的"为其他球员着想""球场优先权"，以及"对球场草坪保护"等内容，都体现出一种"先人后己""礼贤下士"的绅士风度，人们在运动中，无论是打球的着装或是球场上的交往，都恪守礼仪规范而表现出高雅、文明的绅士气度。

第五，它具有很强的经济与文化发展的包容性。高尔夫球运动这种充满了西方传统文化发展内涵的体育运动，在现代社会经济文化一体化发展进程中，它已不再仅仅体现单一体育运动所赋予的娱乐、健康、休闲等功能，而是随着社会经济的发展与产业结构的调整和变化，以其特殊的文化表现形式，在现代经济发展的时空中得到了有效发展，并迅速成为现代社会产业结构中一种新兴的并具有高附加值的产业形式。

第六，它具有较高的社会性。在高尔夫球场打球的有各种国籍和各种信仰的人，一个球会的会籍也分属许多民族的会员，因而无论在青山绿野的悠闲环境中打球或是打完 18 洞后到被称为"第十九洞"的会所酒吧，都有机会广交朋友。从休闲运动的角度来看，高尔夫球运动有助于加强交流、增进友谊，良好的环境使之成为比任何运动项目更易于以球会友的项目。

（二）高尔夫球运动的适用人群

高尔夫球运动低运动强度的特点使它成为适用年龄段最广的运动项目之一，只要是能够做出挥杆击球姿势的人，上至八旬甚至更为年长的爱好者，下至 10 周岁甚至更为年幼的儿童，都适合参与高尔夫球运动来健身、养性。

高尔夫球运动可以锻炼青少年儿童精准击打、力度掌握、协调体位的能力，反复练习能有效促进青少年儿童协调性的发展，改善其神经系统功能，促进他们健康成长。

高尔夫球运动可以帮助步入青年、中年的工作人群释放压力、陶冶身心，让参与者在绿色中感受大自然的清新，享受舒适的视觉、嗅觉、听觉、触觉体验。

高尔夫球运动可以丰富老年人的生活内容，为老年人提供恬适的生活方式，改善老年人体质，愉悦老年人心情，促进老年人交流，消除孤寂感。

三、高尔夫球运动的发展趋势

（一）向大众化方向发展

高尔夫球运动被列入奥运会正式比赛项目后，必将推动它更广泛地普及与发展。目前，教育部门和体育部门已经越来越重视它的发展，有的学校已经开设了相关课程，有的学校也在酝酿之中，将高尔夫球运动作为未来培养和提高学生素质的重要内容之一。通过建设多样化的场地设施，并适当降低费用，推广多元化的运动服务，来满足不同人群的需求，这将使越来越多的年轻人能够对高尔夫运动产生兴趣，并能够迅速地理解和融入高尔夫球文化。这批新兴群体的诞生必将从根本上改变中国高尔夫人群的结构，加快高尔夫球运动的普及发展。

（二）由单一运动服务向综合性立体服务方向发展

阻碍我国高尔夫球运动发展与普及的重要障碍就是单一运动服务模式。实际上，随着高尔夫球运动的快速发展，其运行模式不能再局限于"会所+球场"的形式了，而应采取综合性立体服务模式，如"迷你高尔夫""室内高尔夫"等，这些活动既能够有效地降低高尔夫运动成本，也能提高运动的趣味性，而且这几种形式的局限性小，推广难度低，易于为大众所接受。同时，原有的高尔夫俱乐部仅仅能提供与高尔夫有关的活动和一般性的会员活动，这种活动对市场的满足性较低，服务方式单一。因此，综合立体服务是未来的发展方向。

（三）从推动型向助推型方向发展

高尔夫球运动对于促进我国社会体育文化繁荣、提高全民体育健身水平、带动地方经济发展等多个方面具有十分重要的意义。特别是随着高尔夫球运动成为奥运会正式比赛项目后，我国许多相关职能部门必将在政策上加大对高尔夫球运动产业的支持，从而有效地实现原有高尔夫球俱乐部从高尔夫文化的推动者向助推者的角色转变,普及性的群众高尔夫将成为中国高尔夫的主角。

(四)从单一经济向整体产业化方向发展

目前我国高尔夫球运动的产业化水平还很低,从人才的培养、场地的设计维护、运动器材的生产上,几乎都被国外优秀企业控制,而国内企业在这方面取得的成绩不多。但是,随着中国高尔夫球运动的迅速普及和高尔夫球运动多形式进步,人们对产品的需求将会日益多样化,需求量也将大大增加,这就为中国本土的高尔夫球运动产业化项目带来了良好的契机。从人才培养、场地园林设计到维护经营技术,从小到白球、手套,大到高尔夫室内虚拟机设备,这些都是未来巨大的市场需求。国内企业也将利用此次机遇,在技术、管理等多个方面发挥自己的优势和特长,同时积极引进国外先进技术和理念,全面实现中国高尔夫项目的产业化和国际化。

第三章　休闲体育服务

现代休闲体育企业经营项目的实现，最终要通过服务进行，服务质量的高低，直接关系到经营项目的质量和企业经济效益。科学认识与理解休闲体育服务，理解其与普通商品的差异，明确休闲体育服务的基本礼仪要求，并掌握休闲体育服务的服务技巧，才能更好地服务于休闲体育项目的消费者。

第一节　休闲体育服务

休闲体育服务是休闲体育服务组织为消费者提供的服务性产品，是一种有别于物质形态商品的产品，区别商品与服务的差异，是学习休闲体育服务的基础。服务组织通过转化服务资源"生产"服务，顾客"消费"的不仅是服务结果，还"体验"服务过程，这充分说明服务是一个整体、套餐式产品。

一、服务的概念

服务是一种非常复杂的社会现象，我们可以从宏观的产业和微观的产品两个角度来理解服务的含义。前者属于第三产业范畴特别是与制造业相对应的服务产业，后者则主要指与有形物质产品相对应的一种无形产品。

1960 年，美国市场营销协会（AMA）将服务定义为"一种经济活动，是消费者从有偿的活动或从所购买的相关商品中得到的利益和满足感"。由于这个定义未区分有形产品与无形服务对顾客"所获"的影响程度，美国市场营销协会在 1984 年对其进行了修改："服务是可被区分界定，主要为不可感知，却可使欲望得到满足的活动，而这种活动并不需要与其他产品或服务的出售联系在一起。生产服务可能会或不会需要利用实物，而且即使需要借助某些实物协助生产服务，这些实物的所有权也不涉及转移问题。"要准确把握服务的含义，我们必须首先了解服务的"生产"过程及特点。

（一）服务"产出"的特点

由于服务缺乏外显的物质实体，常常无法通过触摸或视觉感觉到其存在，因此，顾客购买服务后获得的价值往往很难以有形的方式被觉察，有些在接受服务的当时即能体验到满足和愉悦，有些则需要经过较长时间之后才能感觉到服务商品的价值所在。

（二）独特的服务"投入"

服务的生产投入既有物质资源，也有大量的非物质资源，而且在非物质资源投入中，服务人员或其拥有的能力投入占据了很大部分。对有些服务而言，员工的知识与技能是主要投入，物质资源只起辅助作用。此外，顾客的参与也已经成为一种潜在的投入。顾客在服务过程中的参与程度、顾客与服务提供者接触的频率和方式、类型，都会影响服务的产出。

（三）服务的生产"过程"

尽管服务千姿百态，丰富多彩，但究其一般特征，就会发现整个服务过程都是在特定的空间、时间，以特定的互动方式为顾客创造价值的活动。顾客对服务的消费，既包括对服务结果（效用）的消费，又包括对服务过程（体检）的消费。考虑上述三种因素的作用，我们对服务做以下定义：服务是一种提供时间、空间和形式效用的经济活动、过程和表现，它发生于与相关人员和有形资源的相互作用之中，但不产生所有权转移，直接或间接地使服务的接受者或其拥有的物品形态发生变化。

二、商品与服务的差异

人们在生活中购买的大部分产品均由"有形的实物部分"和"无形的非实物部分"共同构成。"有形的实物部分"的产品被看作商品，而主要由"无形的非实物部分"构成的产品被认为是服务。

（一）无形性

服务与商品之间最基本的区别在于服务是一种操作、行为或努力，因此，服务不能像实体商品那样被看到、感觉到。无形性是服务最为显著的特点，故人们常常据此来界定服务。实际上，服务的生产和消费与物质形态资源相关联，诸如休闲体育空间环境、场地设施等。体育活动中的无形服务和资产是指存在于体育运动中的、具有体育特质、受特定主体控制、不具有实物形态、能持续为所有者经营并带来经济效益的资源。

（二）同时性

商品是先生产，然后进行销售与消费。但对服务来说，却是先销售，然后提供服务，而服务产出过程与消费过程同时进行。顾客全程或部分参与服务过程，享受服务价值。在许多情况下，顾客甚至要亲临服务的生产现场，如观看体育比赛、温泉旅游等。

（三）异质性

在服务领域，没有两种完全一致的服务，服务的构成内容及质量水平很难量化，难以统一认定。服务的异质性主要是由于不同个体之间的差异，员工和顾客之间的相互作用以及伴随这一过程的所有变化因素所致。

（四）易逝性

服务的生产与消费的同时性特征，使得服务无法在消费之前生产与储存，这就是服务的易逝性。因此，相对体育设施而言，使用过的体育设施，并不因消费者对它的使用而消失，它还继续存在。而体育服务却不同，服务结束的同时，服务产品也消失了，并不能像体育用品或体育设施等体育产品一样保存下来。

三、休闲体育服务

（一）休闲体育服务

休闲体育是人们在满足基本生理需要后，追求娱乐健康、个性充分发展等所进行的体育活动。为人们休闲体育活动营造场景、提供便利与帮助的各种行为与活动，便是休闲体育服务；提供休闲体育服务的机构，便是休闲体育组织。从过程来看，休闲体育服务是休闲体育服务组织将其体育场地空间设施、器材用品及服务人员转化为服务产品的过程。体育场地空间设施、器材用品等有形服务资源既是构筑和营造服务场景的道具，又是进行服务转化的资源物质。

（二）休闲体育服务的原则

1. 方便服务对象原则

任何一项服务，首先要考虑满足服务对象的各种需求。服务对象消费服务项目，乐趣在项目活动上，如果在使用项目前后需要进行繁杂的手续，虽然方便了经营单位，但会造成服务对象的反感。因此，要设计合理的办理手续的程序，尽量减少服务对象的时间。

2. 高效原则

在方便服务对象的同时，还要减少不必要的程序，体现服务的高效性，从而提高休闲体育服务质量，减少劳动力的成本。

3. 便于监督原则

休闲体育服务的项目较多，环节也较多，要在保证方便服务对象和减少服务程序的同时，又要使各个环节相互监督，便于控制。否则，既会影响企业形象，又不利于考核服务人员的绩效。

4. 便于电脑运用原则

休闲体育作为一种现代化产物，不仅设备、环境要求现代化，服务、经营也需要现代化，其主要手段就是信息技术和互联网技术在休闲体育服务中的应用。休闲体育经营服务流程各个环节的各种数据、信息沟通、数据汇总等，都可以数据化、网络化。

（三）休闲体育服务的准备

1. 明确本企业或中心的经营项目与特点

设计服务流程前，需要明确本企业或中心的各项经营项目、同一经营项目的消费档次等；根据这些情况，具体考虑每个服务项目的流程。例如，某中心推行会员制或贵宾卡，服务对象每次消费固定项目，都配有免费供应的固定品种和数量的饮料；那么，消费固定项目与饮料只需要签一次字就可完成。

休闲体育企业或中心有些项目设施距离较远，例如，吧台提供饮料距离客人使用有一定距离，或者因为吧台面积较小，提供冷饮的能力有限，就可以在其他服务项目现场提供小冷柜，事先放入少量各种饮料。如果服务项目是单一形式，只要最后一次记账即可。

2. 设计多种服务流程方案

这项工作可在调查其他休闲体育企业或中心的基础上进行，召集有关专家提出自己的想法，对不切实际的想法予以否定，将可行的方案进行总结分析，提出一组可行的流程方案。例如，方案一，服务对象到中心，由接待员登记，然后引领服务对象到需要的项目处。服务对象使用时，由项目服务员记录使用情况，将账单送至总收银台。方案二，前部分流程同方案一，后部分不同之处是各个项目分别设收银人员。

将各个设计流程方案分别做评估，选择最合乎本企业和中心实际的又不违反设计原则的方案，再进行优化，产生最可行的流程。

3. 设计不同的手续制度

服务对象在消费同一项或多个项目时，会有多种形式，应根据不同形式采取不同的手续制度，例如，零散单项消费、零散多项消费、会员消费、零散优惠消费、团体消费、不同付款方式的消费等，各种消费形式在某些环节有所区别，需要设计不同的手续制度。

4. 设计科学的表格

服务流程产生的经济效益，体现在财务上主要是表格形式。表格设计得是否合理，关系到经营效果的好坏。设计各种表格时，既要方便服务流程，又要为财务提供信息，满足这两个条件才能够作为有效的表格运用到体育服务流程过程当中。

5. 模拟实施服务流程

将设计好的流程和表格交给部分服务对象，一部分服务人员扮成服务对象，模拟实施服务流程，然后观察流程的利弊，分析比较，再优化服务流程，从此完成一个服务流程设计的循环。

需要强调的是，一个优秀的服务流程不是永恒不变的，需要根据环境的变化、服务对象的要求等因素进行调整。

第二节　休闲体育服务礼仪与标准

休闲体育服务人员塑造个人礼仪形象在服务工作中具有重要意义，普及和推广服务礼仪，不仅有助于提高服务人员的个人素质，进一步提高服务水平和服务质量，更好地满足服务对象的需求；还有利于维护服务单位的整体形象，创造更多的经济和社会效益。因此，休闲体育服务行业的人员需要了解、掌握和遵守服务礼仪的规范要求，具体而言，服务人员应当掌握有关仪容、服饰、仪态和语言等方面的规范，做到仪容美、服饰美、仪态美和语言美，营造温馨、和谐的活动氛围。

一、仪容

所谓仪容，就是指服务人员的外表和容貌，是服务人员精神面貌的外在表现。好的仪容能体现出服务人员的内在素质和外在形象，它是先天的自然"美"与后天的修饰"美"的统一。

首先，服务人员的自然"美"指容貌、形体、姿态等优美。服务人员五官端正、体格健美、身段协调等，是选择服务人员的基本条件。

其次，服务人员的修饰"美"指服饰穿着得体、面容修饰恰当、外形设计整洁等。服务人员穿衣正式、化妆适当、整体美观等，是需要服务人员注意的。为了给顾客留下美好的形象，光天生丽质是不够的，也需要注意修饰自己的外表。

因此，休闲体育服务人员应该向服务对象展示体育运动的魅力，以及向服务对象宣传体育运动带来的健与美。但是，服务人员也不必过分注重仪容，做到清洁、自然、健康就行。

二、服饰

所谓服饰是指帽、巾、衣、裤、鞋、袜、首饰、箱包以及各种配件、饰品等。服装的风格和特征往往首先是通过色彩的视觉幻想造成的，合理而和谐的色彩组合常常能带来神奇的视觉效果，令人耳目一新。为了体现出对服务对象的尊重和塑造形象，作为服务人员来说，其服饰往往有一定的要求，他们应该穿着符合职业特点和运动要求的服饰。

合格的休闲体育人员的服饰，不是要求其服装多么华丽和有个性，饰品多么出众和精致，而是需要得体和适宜，这样能够适应工作的需要、塑造职业形象、展现个人素质等。休闲体育服务人员的服饰，应当体现出休闲体育运动的特点：方便耐用和适当，还应注意整洁和雅观；有些服务人员可能不进行体育活动，如果需要，可少量佩戴，但是仍然要注意：不宜佩戴工艺饰品和珠宝，若要佩戴应协调。

三、仪态

所谓仪态是指服务人员的身体所呈现出来的姿势，也就是身体的具体造型。仪态有动和静之分，对于休闲体育服务人员来说，不仅要注重自身的仪态，还要通过观察服务对象的仪态揣摩服务对象的心理。由于休闲体育服务工作自身的性质所决定，在服务过程中，服务人员应在站、坐、行、手势和表情上做好准备，务必重视体态语的正确使用。

（一）站立

服务人员用到比较多的就是站立，具体来说有站姿或立姿。站立姿势是全部仪态的基本点。基本的站姿：从正面看，应头正、肩平、身直；从侧面看，应含颌、挺胸、收腹、直腿。学会了基本姿势之后，不同性别的服务人员还有不同的性别特点，在遵照基本姿势的基础上，还应该有些许变化：男性站立时，将双手相握，叠放于腹前，抑或是相握于身后；两脚可以叉开，与肩同宽。女性站立时，将双手相握或叠放于腹前；双脚以一条腿为重心，稍许叉开。

主要有三种常用的站姿：叉手站姿（双手交叉于腹部前面，右手搭在左手上直立；男性可以双脚略分开，女性可以使用小丁字步）。背手站姿（双手背于身后交叉，右手贴在左手外面，位于臀部中间；两脚可以呈大约60°夹角分开，与肩同宽，脚尖展开）。背垂手站立姿（多见于男性服务人员，一手自然下垂，中指对准裤缝；一手背于身后、贴在臀部；双脚既可以分开，亦可以合拢，或使用小丁字步）。

（二）坐姿

应当明确：允许自己采用坐姿时，才可以坐下；在坐下之后，尤其是在外人面前坐下时，务必采用正确的坐姿。

正确的坐姿包括以下两点：上身与大腿、大腿与小腿都呈直角，小腿垂直于地面；双膝、双脚包括两脚的跟部都要完全并拢。在性别上也有不同要求：男性可分开双膝，但不应过肩宽；女性可将双腿上下交叠，交叠后两腿之间没有任何缝隙，也可两腿并拢斜放。

另外，在入座和离座时也有相应的要求。入座，也就是落座，它要求服务人员在服务对象之后入座，在适当的位置入座，从座位左侧入座，要没有声息地入座，以背部接近座椅，坐下后调整体位等。离座，也就是服务人员起身离去，它要求先有表示，注意仪态，起身缓慢，站好再走，从左离开等。

（三）行进

所谓行进姿势，又称作行姿或走姿，指的是服务人员在行走时所采取的具体姿势。服务人员既要体现优雅、稳重，又要保持节奏、步幅，展现出动态美感。要达到的要求是：身体协调、造型优美、重心放准、步幅适度（与一只脚的长度相近）、步速均匀（每分钟 60～100 步）、方向明确等。

（四）手势

手势是指服务人员在运用手臂时，所表现出的具体动作与体位。手势的规范主要体现在：递接物品，服务人员主动上前、双手递接。将有文字的物品交给服务对象时，还应使物品正面面对对方；将带尖、刃或其他易伤人的物品递给服务对象时，不能将尖、刃直指对方。

1. 展示物品

服务人员要将展示物品的正面面对服务对象，举至一定的高度，当四周都有观众时，展示物还应变换角度。在口头介绍的时候，要口齿清楚、语速舒缓；在动手操作的时候，要手法利索、速度适宜，并进行必要的重复。

2. 举手致意

服务人员应全身直立、面对对方，上身与头部要朝向服务对象，手臂上伸、掌心向外。

3. 招呼别人

在招呼别人时要礼貌，服务人员使用手掌，不能仅使用手指；且掌心向上，不宜掌心向下。

（五）表情

所谓表情是指服务人员或服务对象面部所呈现出来的具体形态。服务人员的表情应当遵循谦恭、友好、诚意的原则，并恰当地运用好眼神和笑容。另外，观察服务对象的表情神态时，服务人员往往以其面部为主要的着眼点。

四、语言

语言是人类所特有的用来表达思想、交流情感、沟通信息的工具。服务人员在选择和使用语言时，要表现出良好的文化修养和职业素质，准确地运用文明、高雅、恰当和标准的语言，主要包括：礼貌用语、文明用语和行业用语。

之所以要求服务人员使用礼貌用语，主要是为了向服务对象表现出自谦、恭敬之意。根据使用场合的不同，服务人员常用的礼貌用语一般可划分为问候语、迎送语、请托语、征询语、应答语、赞赏语、道歉语等七种。

礼貌用语要求服务人员在使用语言时必须讲究文明、注意修养。这些都需要服务人员在理论上和实践中不断地"修行"才能实现，如称呼恰当、用词文雅、口齿清晰等，使用普通话且语速正常（每分钟 60～80 字为宜）。

休闲体育行业用语是用来说明活动专业性、技术性问题的用语。在休闲体育服务过程中，服务人员需要向服务对象介绍服务项目、技术要领、操作规则、注意事项等，因此，行业用语在服务过程中是必不可少的。在使用行业用语时，服务人员应秉持适度原则，做到以下两点：实事求是和解释清楚。

上述介绍了服务人员的个人礼仪规范，在服务工作中，还应按照相应的岗位礼仪规范自己。由于岗位的特点，服务礼仪规范应当遵循文明服务、礼貌服务、优质服务的标准。按休闲体育服务过程中的阶段划分，将休闲体育岗位服务规范分为：上岗前准备规范；岗位服务礼仪规范；离岗前工作规范。

岗位服务礼仪规范主要包括态度、专业知识、专业技术三部分。具体来说，对待服务对象的态度应表现出主动、热情、耐心、周到等；还应熟悉休闲体育项目的一般知识，掌握项目的基本技术。因此，休闲体育岗位服务礼仪规范的特点是：具备身体素质和专业技术、熟悉器械设备、展现判断能力、设计合理的计划、提供满意的服务等。

（一）上岗前准备阶段

上岗前的准备工作是指正式接待服务对象之前，服务人员所做的必要的筹划或安排，其目的是保证后续服务工作有条不紊地进行。

1. 自身准备

服务人员上岗之前的自身准备是岗前准备工作的开始，包括精神饱满、情绪稳定、干净整洁、提前到岗等。

2. 环境准备

能够保证环境的舒适是保证服务质量的基本条件。因此，服务人员在进行岗前环境准备时，首先应该从规范健身场所的整洁开始，具体做法如下：清理场地和器材、放置告示牌、场地器械布局安全合理等。

3. 工作准备

服务人员到达工作单位后，正式上岗之前，为更好地做好工作，应进行各种相关工作的准备，如更换服装，检查场地、器材，准备用品，查阅交接班记录等。

（二）岗位服务阶段

在工作岗位上，对于休闲体育服务人员来讲，分接待、服务和送别三个连续环节。

1. 接待服务对象

服务对象去休闲体育场所主要是为了放松身心。因此，服务人员在接待他们时，既要保证服务态度，又要注意言谈举止，更要讲究接待方法。做到热情迎客、主动询问、选定项目制订计划等。

2. 服务顾客

服务顾客是正式为服务对象服务的阶段，这也是最为关键的一个环节。服务项目的不同，其内容和形式也不尽相同。娱乐类项目只需做一些服务性工作即可；健身类项目要多示范、讲解和帮助；有难度类项目，不仅需要讲解、示范、保护、帮助，还需要一定的技术指导。为服务对象办理相关手续，提醒服务对象更换服装、准备器材、佩带保护装备等，为活动做好准备。服务人员应该在自己负责项目的主要特点和基础知识上下功夫，并培养一定的对服务对象的预判能力。

3. 送别服务对象

在服务对象离去之际，服务人员应主动帮助其收拾物品和器具，并提醒服务对象是否遗漏物件，同时感谢服务对象的光临。具体细节是：

（1）道别，看见服务对象准备结束练习离去时，服务人员应立即上前询问、道别，帮助服务对象做好整理工作；

（2）检查器械设备，如发现损坏问题，应礼貌地向服务对象询问情况，并及时按有关规定处理；

（3）征询意见，服务人员应主动征询意见，了解服务对象是否还需其他服务；

（4）整理场地，准备迎接下一批服务对象的到来。

（三）离岗前工作阶段

为顾客服务之后，整个服务并没有结束，还需要善始善终，这是高质量服务工作的保证。离岗前工作包括整理场地器材和交接班两个主要环节。

整理自己负责的活动场所，器具摆放整齐到位，逐个检查设备并登记；清洁活动场所、设备，进行常规保养工作；写好值班日志，送交部门负责人签字；做好场地、设备的安全检查，如切断电源等。

五、优质服务

服务场所的目标就是向顾客提供最佳的服务。随着休闲体育业的飞速发展和人民生活水平日益提高，顾客对服务的要求也越来越高，除了满足顾客的物质需要外，还必须满足顾客的心理需求，需要向服务对象提供优质的服务。

（一）优质服务概述

所谓优质服务是指服务对象所受的服务的满意度超过了其期望值，即以顾客为核心，以质量和效率为保障，为每位顾客提供及时、准确、周到、完善的服务。期望值是指服务对象希望所受服务应该达到的水平，它因人、因事、因地和因时不同而不同；满意度是指服务对象对所受服务的满意程度。优质服务具体内容包括如下方面。

1. 良好的服务礼仪

注重礼仪是休闲体育服务工作最重要的职业基本功之一，它体现了对顾客的基本态度，也反映了休闲体育服务人员的文化修养。

（1）外表。外表是顾客对服务人员的第一印象，服务过程中必须衣冠整齐，仪容仪表适当，从而赢得顾客的好印象。

（2）语言。讲究语言艺术，谈吐文雅，应对自然得体，不能与顾客胡乱攀谈，给顾客留下不好的印象。

（3）行动。举止文明，不卑不亢，真诚自然，从内心发出微笑为顾客服务，让顾客感受到服务的诚意。

2. 优良的服务态度

服务人员的良好服务态度，会使服务对象产生亲切感。要做到：认真负责、积极主动、热情耐心、细致周到、文明礼貌等。在服务过程中坚决杜绝敷衍、搪塞、厌烦、傲慢等不良态度。

3. 丰富的服务知识

休闲体育服务知识涉及很多方面，如语言知识、社交知识、法律知识、心理学知识、服务技术知识、管理经营知识、生活常识等。只有储备了较为丰富的服务知识，服务人员才能很好地应对各种问题。

4. 娴熟的服务技能

它是决定服务水平的基础，包括服务技术和服务技巧两个方面。

（1）服务技术。服务技术指各种服务操作等，例如，前台员工的登记入住，服务人员的接待、对器械的使用和维护等。

（2）服务技巧。休闲体育服务最大的特点就是面对人，规程只能作为服务指南，却不能提供判断某种服务方式对错的绝对标准。因此，服务技巧十分重要，不管采用哪种合理的方式，只要能够使顾客满意就是成功。

5. 快捷的服务效率

休闲体育服务中容易引起服务对象投诉的一个是服务态度，另一个就是服务效率。讲究效率不等于瞎忙活，要力求服务迅速而准确无误。这可以体现出服务人员的业务素质和管理效率。

6. 齐全的服务项目

休闲体育服务项目的设置，要尽可能适应和满足服务对象的需要。项目设置既要考虑得细致周到，又要考虑到顾客便利。

7. 灵活的服务方式

服务方式是指在热情、周到地为顾客服务时所采取的形式和方法，其核心内容就是如何给顾客提供各种便利。

8. 科学的服务程序

休闲体育服务程序是指接待服务的先后顺序和步骤，它看起来无关紧要，实际上也是构成休闲体育服务质量的重要内容之一。

9. 完善的服务设施

要保证所有的休闲体育设施科学、合理地满足服务对象的需求，并且处于良好的运行状况，使顾客感到舒适和愉快。

10. 可靠的安全保障

保证服务对象生命财产的安全是服务质量重要的一环，如果不能保证服务对象安全，不仅不能得到顾客的信任，对自身的长远发展也十分不利。

11. 优雅的服务环境

除了要有一种使顾客感到舒适的气氛外，还要给顾客创造一种清洁安静的环境，让顾客感受到服务的品质。

（二）优质服务的特征

一般来说，优质服务＝规范化服务＋个性化服务。

规范化服务也指标准化服务，它可以满足大多数服务对象的要求。个性化服务包括如下几种：

1. 情感服务

情感服务是用真诚的服务打动顾客的一种方法，服务人员在为服务对象提供服务的过程中要倾注情感行为，真正为顾客考虑。

2. 特色服务

特色服务是指向服务对象提供具有本企业特点的服务内容和行为，特色服务的开展不仅能够增进顾客的满意度，还能够有效树立自己的品牌形象。

3. 超常服务

在尽量满足服务对象的一切正当需求原则的基础上，向服务对象提供超过常规的服务标准和服务范围。

（三）优质服务的提供

需要量化服务对象的期望值，制定出令服务对象满意的服务标准，然后在此基础上制定出与之相应的服务程序与服务规范。

1. 制定服务标准、服务程序和服务规范

（1）制定服务制度。由经理或主管起草，然后向有经验的员工和顾客征询意见，反复修改之后再公布实施，力求详尽。

（2）实施服务制度。对员工进行培训，使员工掌握服务标准；管理部门还应检查员工的执行情况，并与员工的薪酬挂钩。

2. 选择合适的评定服务质量标准

（1）服务质量的供给方由自己评定。对提供的服务过程进行监督、检查和控制，对服务的关键环节进行定性和定量的分析，接着对结果进行验证。可分为管理人员的评定和服务人员的评定两个部分。

（2）服务质量的需求方由他人评定。管理人员和服务人员应积极主动引导服务对象对服务质量进行评价，高度重视评价结果，认真分析和整理，

对非优质服务提出改进的策略和对优质服务寻找维持的方法。

3. 改进非优质服务

不仅非优质服务需要改进，即便是优质的服务也需要不断革新。应识别和记录不合格的服务，分析原因，采取措施。

六、服务标准

（一）一般性服务标准

1. 岗前准备工作

上岗前应先做自我检查，做到仪容、仪表端庄、整洁，符合要求；检查各种器械设备是否完好，锁扣和传动等装置是否安全可靠；精神饱满地做好迎客准备。

2. 迎宾

面带微笑，主动迎候顾客，并请顾客填写登记表；向顾客发放钥匙和毛巾，将顾客引领到更衣室。

3. 服务

（1）顾客更衣完毕，服务人员主动迎候，征询顾客要求，介绍各种休闲体育活动项目，主动讲要领、做示范。

（2）细心观察场内情况，及时提醒顾客应注意的事项，当顾客变更运动姿势或加大运动量时，服务人员应先检查锁扣是否已插牢，必要时须为顾客换挡。

（3）对不熟悉器械设备的顾客，服务人员要热诚服务、耐心指导，必要时做示范。

（4）如顾客需要，在其活动时可播放符合其节奏的音乐，运动间隙时，服务人员要主动递上毛巾，并为其提供饮料服务。

（5）顾客更衣完毕，应主动征求顾客意见，并及时汇报给领班。

（6）当顾客示意结账时，服务人员要主动上前将账单递送给顾客。

（7）顾客离别时，要主动提醒顾客不要忘记随身物品。

4. 送别顾客

送顾客至门口，并礼貌道别；及时清扫场地，并整理物品；将使用过的毛巾送洗衣房更换新毛巾，放入消毒箱消毒，做好再次迎客的准备。

（二）预订的服务标准

要用规范的语言主动、热情接待顾客预订；顾客用电话预订时，铃响三声内接听，如果工作繁忙，应请顾客稍候；准确记录顾客姓名、使用时间，并清楚复述，取得顾客确认；对已确认的顾客预订，要通知有关服务人员提前做好安排。

（三）安全服务的标准

休闲体育场所必须配备急救药箱、氧气袋及急救药品等；顾客有身体不适现象，应及时照顾，并采取有效措施；顾客发生碰伤，应及时提供急救药品，照顾周到；活动后器械设备位置"归零"。

第三节　休闲体育服务的技巧

除了一些基本理论知识和素质外，作为一名合格的休闲体育服务人员，应该具备必要的职业技能才能为服务对象提供优质的服务，这其中就包括良好的观察顾客的技能、引导顾客的技巧、解决纠纷的技巧和处置突发事件的技巧等。服务人员只有刻苦努力学习，熟练掌握这些专业技巧，才会令顾客感到宾至如归，并使顾客逐渐有一种"自己就是上帝"的感觉。

一、观察和引导技巧

（一）观察技巧

观察顾客是服务人员在服务工作中必须掌握的一项技能。实际上就是"察言观色"，做到心细，服务人员通过察其意、观其身、听其言、看其行，对服务对象进行准确的角色定位，以求把服务工作做好、做活。

一般来说，顾客初次来到休闲体育服务场所，并不一定有消费的欲望，通常也是"货比三家"，只有经历观看、思考、了解、比较、挑选等一系列的过程才会下定决心。如果服务人员能够恰到好处地见机行事，可以促使对方下决定。

对于休闲体育服务人员来说，要把握好对潜在顾客的观察和正在健身顾客的观察。在休闲体育场所，往往有一些顾客只是来此观看，并没有强烈的休闲消费欲望，但他们是一个很好的待挖掘的潜在群体。服务人员可以观察潜在顾客的来意、打扮、举止谈吐和对该项休闲体育项目的关注程度，不失时机地向其介绍该项目的活动特点和对身心健康的作用，使潜在顾客产生消费欲望，进而将其转化为消费行为。

对于正在健身的顾客，要注意其在健身过程中的动作、身体形态和眼神等。如果看到服务对象行动自如，使用器械很熟练，则不必对其关注太多，可以把注意力投向初学乍练的服务对象上。因为，后者通常表现为动作不流畅、不连贯，对器械的使用不规范、不熟练，这时需要服务人员适时提供服务和进行指导，这样既保证了服务对象的人身安全，又保护了健身器械。

（二）引导技巧

1. 运动前引导

运动前引导，是指在服务对象进行身体活动前，向其简明扼要地介绍活动项目的特点、过程、环节和体育场地设施、器件性能以及一般操作方法等。这是休闲体育服务人员必须掌握和熟悉的重要环节。引导过程中，既不能盲目地认为服务对象都已了解，而不仔细介绍；也不能滔滔不绝地介绍不停，令服务对象产生不耐烦情绪。

服务人员向服务对象介绍的时间不要太长，但要着重说明运动保护措施，这样有助于服务对象耐心倾听服务人员的介绍，从而有效避免运动中意外情况的出现。

2. 运动中引导

在服务对象进行休闲体育活动时，通常会出现错误操作器械或者进行不适合自身能力的动作，如果服务人员不及时引导，服务对象会感到人身安全受到威胁，或者导致伤害事故发生，造成不必要的麻烦。在运动中进行引导要注意以下两点：

（1）使用请求式语句。请求式语句可分成三种说法，如肯定句："请您注意爱护运动器械。"疑问句："为了您的健康和安全，请保护好运动器械，好吗？"否定疑问句："这样操作运动器械会给您带来伤害，您不需要调整一下吗？"其次，疑问句要比肯定句更起作用，特别是否定疑问句，还能体现出服务人员对顾客的尊重。

（2）使用肯定句。不能乱用肯定句与否定句，但如果运用得好，肯定句可以代替否定句，且效果更佳。如进行健美活动的顾客说："能给我的杠铃再加些重量吗?"服务人员回答："不行，这个重量您承受不了。"这就是否定句，顾客听到这话，可能会说："没事，你就加吧!"这个时候服务对象和服务人员之间容易产生矛盾。如果服务人员换个方式，服务对象可能不会有抵触的反应。比如，服务人员可以说："您现在所举的重量正合适，如果再增加重量，反而影响您的健身效果，推举是手段，健身才是目的，您觉得呢?"

二、解决纠纷技巧

在服务工作中，服务人员的服务对象是人，每天要和很多人打交道，因此难免会发生一些矛盾，甚至由于处理不当而引发冲突。尽管这只是偶发现象，却会给当事人带来不快，影响服务的质量。这类现象如果发生，服务人员及其所在部门都应高度重视，并正确处理，以免事态扩大。

服务纠纷指的是在服务过程中，发生在服务人员与服务对象之间的争执、矛盾或冲突。服务部门与服务人员要事先对纠纷进行积极预防，力争将损失减少到最低程度；还要及时发现纠纷，及时制止纠纷，并且妥善调解。在处理服务纠纷时，服务部门与服务人员应做到以下几方面：

（一）严于律己

服务部门与服务人员应当对自己严格要求，按照服务工作的有关岗位规范对待服务对象，防患于未然。

1. 热情

服务人员在服务过程中一定要充满热情，并且尽量使之适当地表现出来。在服务行业内，有句行话是"接一顾二招呼三"。也就是当顾客蜂拥而至，服务人员应接不暇时，要尽量照顾一下周围等待的顾客。即在接待第一位顾客时，口头上可以去照顾第二位顾客，同时还应当以自己的眼神去招呼第三位顾客。

2. 礼貌

服务人员要对服务对象进行规范化服务，时时处处以礼相待；还要严守有关的服务规定，杜绝不良表现。因此，服务过程中服务人员应该做到如下几点：不得吸烟、吃喝；不得闲聊、打闹、喧哗；不得看书、看报、看电视、收听广播或录音机；不得约会私人顾客；不得不理不睬顾客；不得怠慢顾客；不得顶撞顾客；不得擅离职守；不得迟到早退；不得私自兜售私人或外单位的商品和服务。

3. 耐心

服务人员在接待顾客时，不能急躁，应始终保持热情与礼貌。

（1）有问必答。在接受服务之前，顾客希望对其进一步了解，他们有可能会向服务人员提出这样或是那样的问题。这时，服务人员要有耐心，认真回答顾客的每一个问题。

（2）百问不厌。在服务人员进行服务的过程中，可能遇到顾客对同样一个问题一问再问，几位顾客同时发问，或是连连发问。在这些情况下，要求服务人员能够做到不厌其烦，直至顾客满意为止。

（3）百挑不烦。在选用运动器械时，一些顾客往往会反复比较，更有甚者还会表现出吹毛求疵。对于顾客的正当要求，服务人员应当予以满足，不能嫌麻烦，不去管；或者只给顾客一种选择，对方再要便不耐烦。不仅不能这样，即使是催促顾客，也是不允许的。

耐心服务与其说是一种能力，不如说是一种态度，在面对过分挑剔、胡搅蛮缠和蛮横无理的顾客时，服务人员要保持风度。这就要求服务人员注意下列三条：

一是保持冷静。在面对过分挑剔的顾客时，服务人员需要保持冷静，既要坚持优质服务，又要坚持原则问题。

二是理直气和。遇到顾客出言不逊时，服务人员仍需平心静气、礼让三分，切勿与顾客发生矛盾。

三是以静制动。假如服务人员与顾客发生了争执，或顾客无理取闹时，服务人员尽量避免与顾客针锋相对，应一如既往地对其以礼相待。

（二）宽以待人

对属于自己的不足或严重缺陷，要勇于承认和纠正，必要时还需及时向顾客公开道歉；对于属于顾客的原因引起的纠纷，服务人员要宽容忍让。无论如何都不允许向顾客借故发难、蛮不讲理、再三苛求，或者拒绝承认错误和承担责任。在处理服务纠纷时，要求服务人员宽以待人，具体来讲包括以下方面：

1. 认真面对

在人与人的交流和交往过程中，会出现矛盾；服务过程亦是如此。服务人员一方面要竭尽全力预防矛盾的出现；另一方面一旦矛盾出现要认真面对，合理解决，切勿使事态升级。

2．正确对待

（1）主动谦让。当纠纷出现时，服务人员如能及时对顾客进行适当的谦让，往往会使将要发生的冲突得以扭转。服务人员可以说"很对不起，是我做得不好"；"请原谅，是我态度的问题"；"很抱歉，让您久等了"；等等。

（2）宽宏大量。对于顾客的一些可忽视的过失，服务人员一般不必追究。这样可以大大降低双方发生正面冲突的概率。

（3）转移视线。面对得理不让人的顾客或是矫情的顾客，服务人员最为明智的做法是在做出适当的解释说明或是道歉后，转而进行其他的正常工作。

3．积极处理

在处理服务纠纷时，服务人员应在指导思想、临场表现、处理方法等方面，认真遵守相关的规范。

（1）指导思想。

1）"顾客总是对的"。任何情况下顾客永远都是对的，这是服务礼仪的一项基本规则，如果顾客行为过激，要控制自己的情绪。

2）时时处处礼让。有关人员在具体处理服务纠纷时，一定要自始至终，不分对象、不看对方态度，对其始终以礼相待。

3）尽快妥善处理。不论从哪一个角度来看，服务纠纷一旦出现，对服务单位都是不利的。在处理服务纠纷时，除了要注意及时外，还必须采用行之有效的妥善方法。

（2）临场表现。

1）友善对待。当顾客提出批评或进行投诉时，不论方式和方法是否正确，都应视其为对于服务部门和服务人员的监督、关心与激励。因此，应明确表示欢迎批评，友善对待对方的投诉。

2）有效沟通。服务人员既要了解顾客的本意，又要使顾客明白对其意见或建议的重视以及处理纠纷的态度。

3）满足要求。服务人员在处理服务纠纷时，要主动了解顾客的合理事求，并尽可能地满足。

4）保持克制。极少数顾客在服务纠纷发生时，对服务人员进行侮辱，或者以投诉和向媒体曝光作为要挟，服务人员要保持克制。

（3）处理方法。

1）当场处理。当场处理也称"面对面的处理"，能够第一时间对分歧进行协商解决，是处理服务纠纷最理想的模式。

2）事后处理。事后处理也称"背对背的处理"，事后处理应有时间限定，并且要做到言出必行，保证自己的信誉。

3）仲裁处理。仲裁处理通常由消费者协会做出仲裁，仲裁处理是一种有效维护合法权利的手段，具有一定的权威性。

4）法庭处理。法律是一种具有强制力的武器，对难以用上述方式解决的服务纠纷，可以诉诸法律手段。

三、处理突发事件技巧

古人云："天有不测风云。"在休闲体育活动场所，有时可能会发生一些突发事件。如果对突发事件处置不当、不及时，会危及顾客的生命安全、财产安全，还会造成经济损失和破坏企业形象。无论遇到什么样的突发事件，服务人员都应当临事不乱、当机立断。

（一）突然停电

服务人员应首先让顾客保持镇定，切不可慌乱和盲目走动，以免摔伤或者碰伤，并立即拨打电话通知维修部门尽快检修，恢复照明。有应急灯时，服务人员要告知顾客不要慌张，马上启动应急照明；并组织顾客按照指示标识，找到安全出口，有序撤离。没有应急灯时，服务人员首先要稳定顾客情绪，不要发生骚乱；拿出备用手电筒，照明安全出路，让顾客撤离。

（二）顾客突发疾病或受到意外伤害

当顾客突发疾病或受到意外伤害时，应首先拨打急救电话，再根据顾客的情况采取有针对性的措施。

（1）心脏病突发。服务人员应保持患者的安静和舒适，并揭开颈部、胸部和腰部较紧的衣服。假如患者神志丧失，需将其保持恢复性体位；还应使顾客保持温暖，有需要时可将毛毯或衣物盖在其身上，用凉的湿毛巾敷在前额上。需要注意的是，不能摇晃或用凉水泼洒顾客试图弄醒他，不可让其进食和饮水。

（2）中暑。服务人员应迅速将顾客转移至凉快的地方。让顾客躺下，解开其衣服；用冷水毛巾擦身，或边用酒精擦身边用口吹，促使酒精挥发散热。顾客若想喝水，服务人员可以给其喝凉开水或盐水。如果顾客是重症中暑，并出现抽搐，服务人员应马上叫救护车送往医院求治，不可耽误时机。

（3）肌肉、韧带、关节拉伤。由于服务对象的训练水平不够，柔韧、力量、协调性较差，准备活动不充分；抑或是由于场地器材不好、温湿度不佳、服务人员专业水平不够等原因，容易导致肌肉韧带关节拉伤。如果发现服务对象拉伤，应该采用停止运动、冷敷、抬高受伤部位等方式及时处理。

（三）火灾

当遇到火灾时，服务人员应首先打电话报火警，然后采取措施组织顾客有序撤离现场。

（1）利用疏散通道逃生。火灾发生后，特别是在初起阶段，应选择室内楼梯、室外楼梯、自动扶梯、消防电梯等疏散通道逃生，并且尽量靠近承重墙或承重构件部位，以防坠物砸伤。

（2）利用自制器材逃生。服务人员要帮助顾客及时采取可逃生的办法，如将毛巾、口罩、纺织品等浸湿后捂住口、鼻；并利用绳索、布匹、床单、地毯、窗帘、皮带、消防水带、电缆线等开辟逃生通道。

（3）利用建筑物逃生。如果上述两种方法都无法逃生时，可利用落水管、房屋内外的突出部位、各种门窗以及建筑物的避雷网（线）等进行逃生或转移到安全区域再寻找机会逃生。

（4）寻找避难处所逃生。无路可逃时，应积极寻找避难处所，如在室外阳台、楼房平顶处等待救援；选择火势、烟雾难以蔓延的房间，关好门窗，堵塞间隙；房间如果有水源，要立刻将门、窗和各种可燃物浇湿，以阻止或减缓火势和烟雾的蔓延，并不断发出各种呼救信号，以引起救援人员的注意，帮助自己脱离困境。必须坚持"三要""三救""三不"的原则。"三要"：要熟悉自己住所的环境；要遇事保持沉着冷静；要警惕烟毒的侵害。"三救"：选择逃生通道自救；结绳下滑自救；向外界求救。"三不"：不乘普通电梯；不轻易跳楼；不贪恋财物。

（四）地震

震时就近避震，震后迅速撤离到安全地方，这是应急避震较好的方法。

组织顾客选择室内结实、能掩护身体的、易于形成三角空间的地方，或有支撑的地方。

劝诫顾客不能选择跳楼，不要站到窗边和阳台上；还应避开吊灯、电扇等悬挂物，保护好头部。震后，听从工作人员的指挥，有组织地撤离，千万不可争先恐后下楼，切勿进入电梯间。

地震发生时，服务人员应立即切断电源，不要使用明火，以免发生更大的连带灾害。

（五）溺水

溺水是由于大量的水灌入肺内，或冷水刺激引起喉痉挛，造成窒息或缺氧，若抢救不及时，4～6分钟内即可死亡。

当溺水者在水面漂浮时，施救者应迅速向水中抛救生圈等漂浮物，让其抓住而不致下沉，或递给溺水者木棍、绳索等拉其脱险。直接下水救护时，如果溺水者尚未昏迷，施救者要特别防止被其抓、抱；不要从正面接近溺水者，而应绕过溺水者的背后或潜入水下，扭转其的髋部使其背对自己；从后面或侧面托住溺水者的腋窝或下巴使其呼吸，并用反蛙泳或侧泳将其拖带上岸。

当将溺水者救至岸上后，应迅速检查溺水者的身体情况。由于溺水者多有严重的呼吸道阻塞，要立即清除鼻内的呕吐物，然后再做控水处理。

控水（倒水）处理是指利用头低、脚高的体位，将吸入的水控倒出来。最简便的方法是，施救者一腿跪地，另一腿屈膝，将溺水者的腹部放在膝盖上，使其头下垂，然后再按压其腹、背部。

对呼吸也停止的溺水者，应立即进行人工呼吸。方法是：将溺水者仰卧位放置，施救者一手捏住溺水者的鼻孔，一手掰开溺水者的嘴，深吸一口气，迅速口对口吹气，反复进行，直到恢复呼吸。人工呼吸的频率为每分钟16～20次。

如呼吸和心跳均已停止，应立即进行人工呼吸和胸外心脏按压。施救者将手掌根部置于胸骨中段进行心脏按压，下压要慢，放松时要快，每分钟80～100次，与人工呼吸互相协调操作，与人工呼吸操作之比为5∶1；如一人施行，则心脏按压与人工呼吸之比是15∶2。

溺水者经现场急救处理，在呼吸心跳恢复后，应立即送往附近医院。在送医院途中，仍需不停地对溺水者做人工呼吸和心脏按压，以便医生抢救。

第四章　休闲体育体验与赞助

第一节　休闲体育体验

一、休闲体育体验的内涵及特点

20 世纪 60 年代开始，西方学者开始思考"何谓休闲"，这种思考集中在对精神状态的辨析上，对休闲的理解出现了诸多纷争。但不管何种界定，都将"体验感受"作为判断是否休闲的一个关键性概念，据此也有很多研究成果，这些研究成果对解读"怎样才能从休闲体育活动中获得真正的休闲体验"有着重要的参考价值。

（一）休闲体验的内涵

体验是外界事物、情境所引起的内心感受、体悟或亲身的经历，体验的过程即是感觉、知觉的过程，也是注意、思维、情绪以及行为产生和变化的过程。体验不是休闲领域独有的概念或现象表述，它在其他领域也较为普遍，如在经济学、管理学、心理学等领域中也是一个十分重要的概念和现象。经济学较早使用体验研究经济现象，1982 年，Hirschman 和 Holbrook 在《消费体验观：情绪、幻想与娱乐》中提出，产品不但具有工具性的功能，还有"体验"上的功能；产品给人带来的愉悦性、享乐和美感应当成为评判其重要的参考要素，也就是说，体验式消费逐渐成为解读消费行为的关键要素，成为价值创造的新基础。2000 年，Holbrook 汇总了 4 项消费体验维度——体验（Experience）、娱乐（Entertainment）、表现欲（Exhibitionism）、传递愉快（Evangelizing），简称为 4E，如表 4-1 所示。同时，消费者体验也形成了较为系统和成熟的学术成果。

表 4-1　体验的四维度

体验	娱乐	表现欲	传递愉快
情感	兴奋	表达	证明
享乐	出神入化	暴露	背书
逃避现实	美学	热忱	教育

休闲是体验经济的典型，因为体验是休闲产品的核心属性。如今，西方学者比较注重休闲概念的心理体验描述，更多地强调它是一种精神体验。如在西方享有较高声誉的休闲社会学家约翰·纽林格曾说，休闲是为了达到自己的目的而进行的、从中得到幸福与满足的、与个人内心世界密切相关的体验与心态。有学者明确指出"休闲产品就是基于顾客主观评价的体验"。休闲体验通常被界定为个体从事休闲活动的实时感受，这种感受包括生理的、心理的以及精神层面的内容。Mannell（1979）认为"休闲体验就是休闲参与者对从事的休闲活动的实时感受，包含情绪、印象与看法，是一种瞬间的、短暂的休闲心理状态，一种主观的、随着时间而变的感受"。

Gunter（1987）研究发现参与休闲活动时，有 8 项共通的休闲体验：分离感，休闲即是从日常生活中分离出来的感受；享受，愉快的感受；自发性，按照自己的想法来行动；不受时间影响；创造性想象；冒险、探险，具有新鲜奇特的感觉、探索性感受；选择自由，自由选择从事的休闲；自我实现。学者们对休闲体验的具体内涵进行了广泛而深入的探讨，一致认为休闲体验的内涵是丰富、多向度、多阶段、动态的、有正向也有负向的本质。Gunter 等人对休闲体验的研究成果，我们可以通过表 4-2 来了解。

表 4-2　对休闲体验的研究成果概述

学者（年代）	休闲体验的界定	重要内容
Lee（1999）	处于休闲状态时的体验	通常具有如下属性：乐趣／享受、放松、社会的亲密关系、积极的心理状态、友谊、亲密、新奇、逃避、与自然共融、审美、不受时间影响、生理刺激、智力培养、创造性的表达、反思、自由、和谐、平静和愉快
Henderson（1996）	提出休闲体验中自由感是最重要的，另外还有其他 7 项重要因素	自由感、快乐、放松、内在动机、缺乏评价、分离感、投入、自我表现
Lee，Dattilo & Howard（1994）	人们都会有很多正向的休闲体验感受；有时也有负面休闲体验	正向的感受，包括愉快、放松、满足、社交、人际关系、接触大自然、生理上受刺激、脑力激荡、创意、自省、满足等；负面休闲体验，包括疲惫不堪、神经质、担忧、沮丧、挫折、罪恶感、沉思等
Csikszentmihalyi & LeFevre（1989）	综合相关说法，发展出 7 个变项来检验个体的主观休闲体验	分别是情感、活力、认知、动机、创造力、放松、满足

续表

学者（年代）	休闲体验的界定	重要内容
Gunter（1987）	参与休闲活动，有 8 项共通的休闲体验	分别是：分离感、享受、自发性、不受时间影响、想象、幻想、冒险、选择自由、自我实现
Denzin（1984）	参与休闲活动，人们会有 4 种情绪结构	生理与心理上的实时体验，例如，紧张、害怕、虚弱、心跳加快等；身体上的体验，例如，休闲活动后的肌肉酸痛；目的价值的体验，例如，运动后的心理满足
Ungar & Kerman（1983）	综合出 6 种重要的主观心理体验	分别是内在满足感、知觉自由、投入、刺激兴奋、精进感、自发感
Neulinger（1974，1981）	认为休闲体验由两项重要要素构成	知觉自由与内在动机

休闲的体验是过程性的，在个人的休闲过程中产生，通过个性化的方式获得身心感受。休闲体验的产生需要有能刺激休闲的欲望，需要有能使个体充分参与的感受，具有一定新颖性、挑战性和竞争性的休闲环境和设施，在这样的前提下，参与者才能沉浸其中。

体验是休闲的核心指标之一，没有情感体验的休闲活动对主体而言都是被动、无效的休闲。在这个过程中，有时甚至无法用言语、行动和知识来表现休闲体验，但是它确实是休闲活动中的核心要素，人们参与休闲不再是仅仅追求"是否参与"，而是在追求"参与的质量"，衡量参与质量的重要指标就是体验。

（二）休闲体育体验的目的：快感与快乐

休闲可以作为体验来感知和研究，体验是以情感为主导的意识过程。如果说休闲的时间和活动是外在的、显性的，那么，休闲的体验就是内在的、隐性的，在一定程度上，作为隐性存在的休闲体验的重要性甚至超过了休闲的活动和时间。与休闲体育体验有关的情感往往是与快感和快乐联系在一起的，也就是说，快感与快乐与否是决定人们是否进行休闲体育行为的根本因素，也是衡量人们休闲体育质量高低的标准。

追求快感，是动物的本能之一。人作为自然的物种，也会通过生物遗传来获得这种本能，人的快感主要来自感官。快感的获得可以从生理学角度解释为由外物刺激人的感觉器官引起的愉快的生理感觉。1954 年，人们在一次动物试验中发现了脑的"快乐中枢"——用电刺激脑干及其与丘脑相连的部位，可以引起动物明显的愉快感觉。这种神经－内分泌系统所产生的情绪反应是主体在直接和间接参与活动的过程中获得快感的主要生理机制。

人作为自然的物种，除了通过生物遗传来获得快感这种本能外，还有一种作为社会人所具有的"快乐"。快乐主要来自人的情感皮层和智力皮层。许多脑外科手术的资料也显示，刺激人的大脑额叶腹内侧或下丘脑，部分顶叶和颞叶，以及刺激中脑上部，都会产生情绪反应，病人感到松弛、悠闲，有的病人还会微笑，有的甚至会因为愉快的感觉笑出声来。[①]现代神经生理学测试结果表明，一条重要的神经通道（内侧前脑束，Medial Forebrain Bundle）是"快乐"的通道，更为重要的是它把多巴胺释放到伏隔核——这是快乐产生的生理学基础。

快感是建立在物质刺激的基础上的，而快乐与幸福更多的是心理、精神上的满足，但快感并不都能上升为快乐。由外物刺激人的感觉器官引起的生理快感，只是一个很短暂的过程，当其刺激渐渐被人体适应之后，留下的只有空虚。"真正的快乐是在'努力'与'锻炼'之中，也就是肉体与精神上的训练，用这个来'超脱'情欲和外界环境的羁绊。"[②]

过度地追求休闲体育的快感，就会导致享乐主义。享乐主义作为一种道德学说在西方可谓源远流长。最早可追溯到古希腊的昔勒尼学派，该学派从人与一切动物的趋乐避苦特征，推断"肉体上的快乐"就是人生的目的，并认为"肉体的快乐远远胜于灵魂的快乐，肉体的痛苦远远比灵魂的痛苦难受"。昔兰尼学派的享乐主义又为后来的伊壁鸠鲁学派所修正："快乐是幸福生活的始点和终点"，快乐是"最高的和天生的善"。所以他们认为，人总是出于对快乐的追求而做出自己的选择。

享乐主义经过18、19世纪的边沁、密尔等人的发挥而形成了一套精致的话语，这便是迄今为止仍有极广泛影响的道德演说——功利主义。功利主义认为：人应该追求最大快乐／幸福，能增加最大快乐值的即是善，反之即为恶；对快乐／幸福的促进成为判断人一切行为的标准。其基本原则是：一种行为如有助于增进快乐，则为正确的；若是痛苦，则为错误，痛苦仅是"负的快乐"。功利主义不考虑一个人行为的动机与手段，仅考虑一个行为的结果对最大快乐值的影响。

在古罗马时期，对休闲体育的夸张、奢靡和残忍的参与和观赏，最终

---

① 匡培梓. 生理心理学[M]. 北京：科学出版社，1987，第 294 页.
② 罗斑. 希腊思想和科学精神的起源[M]. 陈修斋译. 北京：商务印书馆，1965，第 157 页.

导致了社会风气的颓废,朝生暮死的观念横行于社会。到了20世纪后半叶,随着现代科技和经济的发展,汽车和电影电视的普及,广告无所不在,分期付款的信用卡制度的发明,追求无限体验的冲动与不受节制的享受,这一切为大众享乐主义的产生提供了"温床"。在现代民主社会中,享乐主义积淀于大众的生活习性之中,渗透于西方文化中,已潜入西方人的意识深层。在充分世俗化的社会中,享乐主义往往会成为时尚,或者说世俗化文化与享乐主义有着内在的联系。

享乐不是坏事,但把享乐推向极端,成为至高无上的"主义",那就是误区,必须对盲目追求享乐主义的倾向加以批判。对于享乐主义、纵欲主义必然导致个体自身冲突、矛盾和痛苦这种观点。古今中外,许多思想家、哲学家都有这种共识。古希腊哲学家德谟克利特发现:"对于一切沉溺于口腹之乐,并在吃、喝、情爱方面过度的人,快乐的时间是很短的,就只是当他们在吃着、喝着的时候是快乐的,随之而来的坏处却很大。对同一些东西的欲望继续不断地向他们袭来……除了瞬息即逝的快乐之外,这一切丝毫没有什么好东西。""如果对财富的欲望没有满足的限度,这就变得比极端的贫穷更难堪。"①现代生理学针对哺乳动物(比如,猴子和老鼠)的实验表明:过度地追求物质带来的快感,最终的结果是极度损害身心。

弗洛姆在《爱的艺术》中对弗洛伊德的生物还原论和所谓"快乐原则"提出了批评:根据弗洛伊德的理论,本能欲望如能得到毫无压抑地充分满足,人就可以获得精神健康和幸福。但是,临床病例显然表明,那些致力于追求无拘无束的本能满足的男性和女性,不但没有得到幸福,还得常常承受严重的神经质冲突或神经病症状的痛苦。全部本能需要的满足,不仅不是幸福的基础,甚至连精神正常也不能保证。享乐主义无视人的精神需要,夸大人的生理需要,正是其消极本质的体现。中国人一贯提倡行为方式的中庸和平衡,避免追求极端的快感。汉代的枚乘在他的《七发》赋中陈述:"出舆入辇,命曰蹶痿之机;洞房清宫,命曰寒热之媒;皓齿蛾眉,命曰伐性之斧;甘脆肥浓,命曰腐肠之药。"他把好逸恶劳、淫侈放荡的害处,针砭得淋漓尽致。

享乐主义会给社会带来危害。享乐主义给国家带来动荡和混乱,把个人对物欲与私欲的享受建立在他人的不幸、痛苦甚至生命之上。奉行享乐主义

① 北京大学哲学系外国哲学史教研室. 古希腊罗马哲学[M]. 北京:生活·读书·新知三联书店,1957,第117页.

人生观的人忘记了他们吃、喝、穿、用的都是由他人和社会所提供。当享乐主义在掌握公共权利的人群中蔓延时，会造成严重的社会危害。所以，要批判把低级感官享受作为人生追求目标的享乐主义，尽可能地合理分配和使用财富和资源，用完善的法律制裁损害社会公益和侵犯他人利益的行为。

批判享乐主义和纵欲主义，也绝不是肯定苦行主义和禁欲主义。"将享乐主义视为无知、无为的批评家们，遭受着他们自己对愉快的深度、变化和效用的肤浅理解之苦。自从苏格拉底时期，哲学家们不断地宣称思想的快乐，而圣徒们断言神圣真理的狂喜，心理学家则指出有效地执行职能行为的愉快。从亚里士多德到现在，艺术愉快不是被当作与知识矛盾的选择，而是作为认识的产品和工具。"①

追求享受，不等于享乐主义。人的欲望是创造幸福的要素，当一个人把欲望降低到最低限度时，生活将随之索然无味，生命本身也将失去其应有的光辉。片面强调艰苦，甚至强调禁欲，并不能很快地增加财富，摆脱贫困。提倡艰苦奋斗，但苦不是目的。苦还是为了乐。现实的、可以使人们快活的事，我们应该给予高度重视，没有理由忽视。休闲会使人们愉快，它就应该在社会生活中占有应有的地位。

休闲体育体验的实质是人对快乐的追求。追求快感或快乐不是以个人意志为转移的，随着时代的变迁、年龄的衰老，人对长寿、健康、体质增强、技巧娴熟的欲望永远不会得到满足，人类也就永远不会停止在休闲体育体验中对快乐的追求。休闲体育体验的根本在于追求积极意义的快感或快乐。

（三）休闲体育体验的分类

休闲体育的体验是个体在参与或观赏体育活动的过程中所产生的快感或快乐的情感感受，与其他休闲现象所导致的体验不存在差别。依据划分标准不同，可以将休闲体育分为不同的类型。

1. 单次型体验和重复型体验

按照参与或观赏休闲体育体验对象的频率，可以将其分为单次型体验和重复型体验，休闲体育体验大部分属于重复型体验类型，这与旅游休闲截然不同。在现实生活中，年复一年地参与或观赏休闲体育活动的现象比比皆是，如观赏英超比赛、快走、打羽毛球等。

---

① 舒斯特曼. 实用主义美学[M]. 彭锋译. 北京：商务印书馆，2002，第 84 页.

2. 主动型和被动型

按照主动和被动的角度来划分，休闲体育体验可以分为主动型和被动型。主动型的休闲体育体验是指人们按照自己的意愿有意识有目的地去体验，这在参与类和观赏类休闲体育活动中普遍存在，如周末观赏中超，节假日打羽毛球等。被动型的休闲体育体验是指人们在外在因素的控制下进行的体验，如女生参加自己不喜欢但不得不参加的体育活动。

3. 现场体验和离场体验

按照休闲体育体验的主体和对象在空间上的依存性，可以将其分为现场体验和离场体验。参与类和现场观赏比赛的休闲体育都属于现场体验型，它是具体的，时空不可分离的，是"现在进行式"；而通过影像来观赏体育比赛则属于离场体验型，它是虚的，时空可以分离的，即可以是"现在进行式"，也可以是"过去式"。时空的不可分离性是大部分服务产品的特点之一，现场型的休闲体育属于服务型产品，而离场体验型则可以归属到实物类产品中。

4. 实时性的和溢出性的休闲体育体验

按照休闲体育体验情感结果的持久性分类，可以将其分为实时性的和溢出性的休闲体育体验。实时性的休闲体育体验是指体验主体一旦脱离体验的对象和环境，快乐或快感就很快消失不见了。这种情况在休闲体育活动中比较常见，如在观赏一场不太重要的即时比赛影像，体验主体经常固定参与休闲体育活动。但是一些重要的、意义重大的和独特性的休闲体育活动却常常让人回味无穷，即使脱离了体验对象或环境，它带来的快乐或快感却依然"余音绕梁"。

（四）休闲体育体验的特点

1. 积极性

相较于旅游和文艺休闲体验而言，休闲体育体验更能凸显它综合性的积极价值。它不但能促进身体的健康，而且对个体心理的调适和社会适应能力的提高也具有十分积极的意义。正是因为如此，很多国家将休闲体育作为大力提倡的社会公益活动，以弥补医疗和人与人之间交流的不足。

2. 易发性

由于休闲体育本身具有易沉浸的特点，这就导致体验主体十分容易获得积极的体验结果。在休闲体育过程中，个体经常能感受到难以言表的身心通畅感, 心情的明朗感, 或是二者兼有的感受。这种感受十分容易触发, 不需要太多的物质、精神、知识等方面的储备, 只要参与进去就极易获得。

3. 主体可控性

体验效果的主体可控性主要是指参与休闲体育活动的个人可以视其身体素质和技战术水平, 有目的有意识地调控自己参与的程度和层次, 进而达到控制其参与的效果, 这一点是旅游和文艺休闲体验所不具备和欠缺的。

4. 溢出性

休闲体育体验的溢出性十分明显, 这种身心畅达的感觉常常会溢出到其他领域, 进而使工作和生活活动受益, 这种溢出效果强于文艺和旅游休闲的体验。同时, 这种溢出也会影响到参与休闲体育活动的同伴和对手, 在特定的时空背景下, 大众心理学所言的"从众"现象得到了淋漓尽致的彰显。

5. 高频率性

由于休闲体育本身所具有的可重复性以及体验的易发性, 导致参与主体获得积极体验感受的触发频率较高, 这是文艺和旅游休闲体验不可比拟的。

6. 持久性

休闲体育体验不但有着显著的溢出特点, 而且这种溢出的持久性也十分显著。在现实工作和生活中, 人们经常能感受到休闲体育溢出效果的持久性, 这远强于文艺和旅游休闲的体验。

7. 体验对象的稳定性

一般而言, 个体的休闲体育对象在一定时段内是比较固定的, 也就是说在不同的生命阶段人们选择休闲体育项目是相对稳定的。如在青少年时期可能喜欢对抗激烈的休闲体育项目, 到了中年则喜欢一些对抗不太激烈的项目, 到了老年则更多地选择一些不具有对抗性的休闲体育项目。这一点与旅游休闲体验不同。

二、休闲体育体验的科学评判

休闲体育体验的目的是追求积极的快感或快乐, 快感和快乐的极致状态可用沉浸、高峰或畅爽来表示, 但这并不是说最佳体验就是休闲体育体验的全部, 或没有最佳体验就不是休闲体育。事实上, 休闲体育的体验是连续的, 整体性的, 对其评判应当以此为考量前提。

（一）休闲体育体验评判的参照标准

从整体的角度对休闲体育的体验进行评判，是一种主观性和规范性的行为，很难用量化的标准来衡量，但是，这并不是说参照标准具有随意性，恰恰相反，它应当是严肃的。设置休闲体育体验的参照标准具有十分重要的意义，因为只有在内心认可了某种要求，才能一劳永逸地规范个体的休闲行为，才不会出现各种休闲体育失范现象。

休闲体育体验的快感和快乐，不应当建立在违反法律、道德、习俗等基本生活规范上，设定休闲体育体验评判的参照标准，应当考虑国家的法律法规、道德规范、风俗习惯等多个方面的要求。

1. 应当符合社会法律的要求

法律是由国家制定或认可的，靠国家强制力保证实施，对全体社会成员具有普遍约束力的特殊行为规范。法律是一种特殊的社会规则，任何人一旦违反，将会依法受到强制矫正，并要承担相应的后果。

有些人参加一些违法的休闲体育活动，虽然也能从中获得快感或快乐的体验，有时甚至会有最佳体验的发生，如通过观赏大型体育比赛而进行的赌博，通过打高尔夫球进行的赌博等。但是，这不是合法的、正当的休闲体育行为，应当予以抵制。建立在违法基础上获得休闲体育的快乐体验，是错误的，应当对此进行严厉打击，形成整个社会的普遍认识。

2. 应当符合社会道德的要求

道德是衡量行为正当与否的观念标准，一般有私德和公德之分。私德涉及个人；公德是指建立一种普遍和公认的标准，构筑了人们的行为框架，在这个框架中，个人利益的实现是不能影响他人的，倘若超越了这个界限，就要受到舆论的谴责。

在休闲体育活动中，有些人对不喜欢的球队施以不文明的言语和不道德的行为为乐，有些人从抱怨埋汰队友中获得快感和满足，有些人在户外运动中随意丢弃垃圾。从这些行为中获得快感和快乐，不符合休闲体育体验的道德要求。

3. 应当符合社会的风俗习惯

风俗习惯指个人或集体的传统风尚、礼节、习性，是社会道德与法律的基础。它对社会成员有一种非常强烈的制约作用，主要包括民族风俗、节日习俗、传统礼仪等。

如今，随着全球化的深度进行，以及消费娱乐文化的盛行，很多民族性和地方性风俗正在瓦解，一些禁忌也随之消失。但是，一些民族和地方的风俗却依然存在，如伊斯兰文明中的禁忌、基督世界对数字的避讳、新西兰多避讳男女混合活动，蒙古族在进行摔跤比赛时的习俗等，这就要求个体在从事休闲体育活动时，不能以触犯当地的风俗习惯为乐。

对个体的休闲体育体验的评判，应当以以上三点为标准，只有在不违反以上三个最基本要求的前提下，获得的快感和快乐才是真正意义上的休闲体育体验。

（二）休闲体育体验评判的整体观

休闲体育的体验不是孤立存在的，它是在休闲体育活动和时间约束下存在的，且与休闲体育目的的多样性结合在一起的个体感受。要对休闲体育体验进行科学的评价，首先要从整体的角度对它进行解读。

休闲体育体验的目的是追求快感和快乐，但这并不是休闲体育体验的全部。在休闲体育体验中，累、郁闷、烦躁等情感体验往往伴随着个人的休闲体育活动，要牢固树立对"累并快乐"的认知，才能使得休闲体育健康地发展，否则，极易造成参加者的心理落差，进而不利于休闲体育的发展，这在对青少年的休闲体育教育中尤为重要。

在休闲体育体验中所追求的快感和快乐并不是一蹴而就的，它是具有过程性的，这种过程性是休闲体育时间的矢量反映，也就是说，获得快感和快乐是必然结果。但是追求"狂喜"的感受不但需要时间，而且也需要体能、技战术水平、设施等方面的配合，没有这些相关的配合，个体较难体验到这种"狂喜"感受。

休闲体育体验的快感和快乐是具有层次性的。获得快感是休闲体育体验的基础，只有在获得快感的基础上，才有可能获得审美层次的快乐感受。追求休闲体育体验的快感不是"原罪"，抨击和否定休闲体育体验追求快感才是"原罪"；裹足不前一味地追求休闲体育体验的快感不是正确的观念，"大跃进"式地追求休闲体育体验的快乐是观念的误区。

在休闲体育活动中，个体体验的效果往往与其所具备的技术水平和体能状况息息相关。只有在充分认识自己技术水平和体能状况的基础上，在有针对性地选择休闲体育活动项目与量力而行地选择休闲体育活动伙伴的前提下，个体才能获得休闲体育活动所带来的快感和快乐，才有机会获得畅爽的体验，否则，其休闲体验将充斥着无聊、急躁、郁闷等感受。

在休闲体育活动中，个体的休闲体验效果也往往与其目的关系密切。每个人参加休闲体育活动的目的不同，其所获得的休闲体验也会截然不同。如果一个人参加休闲体育活动的目的是为了修复病残的躯体，那么，他就要花费很多的时间和活动次数才能获得快感或快乐，想获得最佳体验的难度无疑十分困难；如果一个人参加休闲体育活动的目的是兴趣使然，那么，他就能在一次休闲体育活动中很快获得快感或快乐，极易获得最佳体验。当个体参加休闲体育活动的目的复杂多样时，他将更容易获得快感和快乐，获得最佳体验的机会也更大。

（三）休闲体育体验的自我评判

从直观性的角度而言，判定一个人是否在进行休闲体育多是以闲暇时间或休闲体育活动作为客观标准，它们是研究休闲体育现象的主要着手点，也产生了庞大的研究成果。但是，这种研究仅仅是从"局外人"的角度来进行的，着眼点在于从具象中发现、归纳和演绎休闲体育的经验或规律，忽略了休闲体育当事人的主观评定。

休闲体育作为一个复杂的社会现象，无视当事人自己的体会是不能完整科学地反映它的复杂性的，要避免这种现象，必须将个人的自我评定纳入对休闲体育研究的视野中。

目前，在母学科研究成果的支持下，对休闲体育体验的一些概念基本上取得了共识，如快感、快乐、忘我、沉浸、高峰体验、畅爽等；形成了初步的测量标准，如挑战性和技术；形成了一些实操性的测量工具，如流畅体验问卷、畅爽体验状态量表、经验抽样法、生理回馈技术法、社会测量法等。依据这些基础性的研究成果，形成了一些开拓性的成果。如休闲体育是主动式休闲之一，人们在从事主动式休闲活动时才能体会到畅爽体验；如果青少年在参加体育锻炼过程中体验到畅爽状态，这将有利于增加他们在课外的体育参与行为；大学生越对登山活动感兴趣，越容易沉浸到该活动中；男性在体育活动中更容易获得畅爽体验等。

（四）休闲体育的最佳体验

一般认为，最佳体验是指人们体验到一种特别的、超乎寻常的心理状态，同时可能伴随意义的生成。Mannell 认为最佳体验包含了沉浸体验（Absorbing Experience）、高峰体验（Peak Experience）和畅爽体验（Flow Experience）三种体验感受。

1. 休闲体育的沉浸体验

沉浸是身心对事物或活动的投入程度，处于沉浸时，自我意识和时间感完全丧失，个体与刺激物"融为一体"，感受不到时间的流逝。Tellegen认为它与催眠感受性有关联。Quarrick指出沉浸体验是指个人融入某一神奇的刺激中以至自我和时间感的消失，这种体验的获得不需要任何专门的训练。在日常休闲体验中，这种感受经常发生。

在各类休闲体验中，休闲体育体验最易使个体处于沉浸状态中。不管是参与型或观赏型的休闲体育体验，个人常常会很快融入到休闲体育活动所设定的空间中，无条件地遵从休闲体育活动的规则。

不同的休闲体育类型，对个体沉浸的影响也不尽相同。一般而言，观赏类休闲体育项目所需要的沉浸时间较长，而参与类休闲体育项目则较短。现场观赏往往比通过影像观赏所需要的沉浸时间短，且沉浸程度较深；激烈且意义重大的休闲体育项目所需要的沉浸时间较短，沉浸程度较深；集体类的休闲体育所需要的沉浸时间较短，沉浸程度较深；趣味性和对抗激烈的休闲体育项目所需要的沉浸时间较短，且沉浸程度较深。

个体不同，沉浸所需时间和沉浸程度也不尽相同，一般影响其因素主要有兴趣爱好、目的、身心疲劳程度、技术体能等几个方面。当个体对某项休闲体育活动具有较强的兴趣爱好时；当个体的目的性较为明确且较易达到时；当个体的身心疲劳程度较高时；当个体参与单人项目，其技术和体能较高时；当个体参与集体项目，与对手或队友处于同一层次时，所需要的沉浸时间较短，且沉浸程度较深。

2. 休闲体育的高峰体验

美国的心理学家马斯洛在研究处于自我实现层次的人群时发现，这些人群经常提到一些独特的体验，如战栗、满足、超然；一种从未体验过的兴奋与欢愉的感觉，无法用语言来表达；在某些方面好像摇身一变，成了另外一个人。马斯洛把这种感受称之为高峰体验（Peak Experience），他认为高峰体验是指向健康的，可以通过高峰体验达到自我实现。

Thorn所指高峰体验是"个人所能达到的，最令人兴奋的、丰富的、充实的体验"。Privette指出，高峰体验有时还指一种强烈及高度受尊重的时刻，像是一种最优的体验。马斯洛在其很多著作中都提到了高峰体验，对这一概念的描述多用：最美好的时刻、令人心荡神游的时刻、欣喜若狂、如醉如痴、欢乐至极、销魂夺魄的时刻、最心醉神迷的时刻、最幸福的时刻等词，并在《高峰体验中的存在认知》中提出了要从十几个不同的角度来认识高峰体验的特点，并认为高峰体验的整体性尤其重要。"处于高峰体验中的人有一种比其他任何时候更加整合（统一、完整、浑然一体）的自我感觉。旁观者从外部各个方面来观察，也可以得出同一印象。例如，他们更少分裂或者分离，更少内心冲突，对自己更加心平气和，体验我与观察我之间更加一致，目标更加集中，更加协调有机化，自身各部分更加有效地组织起来良好地运作，更少内在的摩擦等。"①他将高峰体验的特点主要归纳为：短暂性、最快乐的时刻、自身存在性认知和自我认同的时刻、是对宇宙存在性价值的认可时刻、具有与其他时刻不同的特点等。

在休闲体育体验中，能感受高峰体验的人群范围较广，不再主要集中在"自我实现"这个层面，同时，通过休闲体育活动的时空设置，使得人们获得这种体验的概率大大增加。

在跑步、健身操、滑雪、骑单车、游泳以及很多球类运动项目中，参与者往往在运动量达到一定程度时，就感觉遇到了一个临界点，就像一堵"墙"，翻越不过去，很想放弃，但是如果坚持运动，翻过了那堵"墙"，就会感受到愉悦感和幸福感涌满全身，这是一种在休闲体育活动中常常遇到的高峰体验，有些研究者称之为"跑步的愉悦感"（Runner's High）。这种跑步的高峰体验并不需要参与者的"自我实现"，不需要条件苛刻的工作和生活前提，只要越过那堵"墙"，人人可以体验到休闲体育所带来的高峰体验。研究表明，长时间、连续性的、中量至重量级的运动可以将肌肉内的糖原用尽，只剩下氧气，促使内啡肽的分泌，而内啡肽会使人产生快乐之感。

3. 休闲体育的畅爽体验

1967 年，Stephenson 在研究大众传播游戏理论（The Play Theory of Mass Communication）时，阐释游戏具有隔离性，可使人完全沉浸其中，并从中获得极大的乐趣。1975 年，米哈里·契克森米哈（Mihaly Csikszentmihalyi）将此现象冠之为"Flow"现象，国内部分学者将其译为"畅爽"。

米哈里·契克森米哈提出的畅爽体验（Flow Experience）是研究体验现象理论中引用最多的概念之一，他将畅爽体验定义为：个体完全投入某种活动的整体感觉，当个体处于畅爽体验状态时，他们完全被所做的事深深吸引，心情非常愉快并且感觉时间过得很快。

畅爽理论提出用技能（Skill）和挑战（Challenge）作为影响畅爽获得

---

① 马斯洛. 自我实现的人[M]. 许金声等译. 北京：三联书店，1987，第 257 页.

的关键影响因素，当一个人所具备的技能高过挑战时，就会觉得无聊；反之，当一个人的技能低于挑战时，则会产生焦虑。只有当挑战与技能两者达到某种平衡时，个体才会有畅爽体验的产生。但是，畅爽的发生不是以活动本身所具备的客观特性来定义，而是以"个体主观知觉到的挑战与技能是否达到平衡来界定的"。以此为基础，米哈里·契克森米哈提出了最初的畅爽模式，在此基础上，形成了三区间、四区间和八区间模式。

Massimini 和 Carli（1988）将畅爽理论模式发展成为八区间模式，分别将技能与挑战依据不同程度分为低度、中度、高度三种级别，其中畅爽是高度技能及高度挑战的平衡，其他还包括"无聊""松懈""冷漠""担忧""焦虑""激动""畅爽""控制"8 个向度，如图 4-1 所示。1997 年，米哈里·契克森米哈概括了畅爽体验的 9 个特征：清晰的目标、即时反应、个人技能与任务挑战相匹配、行动与知觉的融合、专注于所做的事情、潜在的控制感、失去自我意识、时间感的变化和自身有目的的体验。

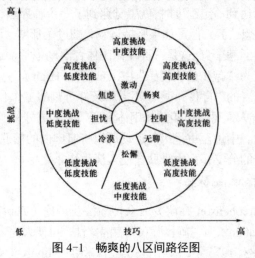

图 4-1 畅爽的八区间路径图

2000 年，Novak 和 Michel 依据畅爽体验产生的过程又将这 9 个特征归纳为三类因素：第一，条件因素，包括个体感知的清晰目标、即时反馈、挑战与技能匹配，只有具备了这三个条件，才会激发心流体验的产生；第二，体验因素，即个体处于心流体验状态时的感觉，包括行动与知觉的融合、注意力集中和潜在的控制感；第三，结果因素，即个体处于心流体验时内心体验的结果，包括失去自我意识、时间失真和体验本身的目的性。

米哈里·契克森米哈认为：畅爽体验本身就是目标，这是最优体验的核心特质——自成目的。自成目的指的是一种自我内在动机所引发的目标，它不追求未来或外在的回报，从事活动的本身就是最大的回馈。

Privette 和 Bundrick 对 123 名大学生进行调查，列举了体育运动、学习工作、人际交往、宗教活动等活动，结果发现体育运动是畅爽体验的主要来源。米哈里·契克森米哈将人类的日常活动区分为：生产类活动（工作或学习）、维持类活动（做家事、饮食、穿衣打扮、开车等）与休闲类活动三类，又将休闲类活动细分为主动式休闲（从事嗜好、运动、弹奏乐器等）与被动式休闲（看电视、放松休息、聊天等）两种，并认为人们在从事主动式休闲活动时才能体会到畅爽体验。

Mandigo 和 James 认为：如果青少年在参加体育锻炼过程中体验到畅爽状态，不但有利于增强他们在课上活动的积极性，还有利于增加他们在课外的参与体育行为。国内学者林衡良与林淑芬在对大学生参与登山健行活动的研究结果表明：社会心理涉入与畅爽体验间存在正相关，即当登山健行者对活动感兴趣，被特定的刺激或情境所激发时，特别容易沉浸于活动中，达到最佳的体验状态。也有研究认为：男性在体育活动中更容易获得畅爽体验，而女性则在社会休闲方面，特别是在家庭和孩子方面，更容易获得畅爽体验。在西方学术界，也有关于研究畅爽与高风险（Risk-Taking）休闲体育之间关系的研究成果。高风险休闲体育是一种深度闲暇活动，能产生高度兴奋的"畅感"，进而有助于提高参与者的工作效率，改善人们的生活质量。

沉浸体验、高峰体验和畅爽体验为研究休闲体育中的最佳体验提供了理论基础，三者之间的共同之处是：完全有别于日常生活；注意力高度集中于某一刺激；时间感扭曲；浑然忘我。不同点是：马斯洛的高峰体验是一种多见于自我实现层次上的；沉浸体验则是指一种特别的专注，意识高度集中于某一刺激而导致自我和时间意识的丧失，该理论的核心是注意力的高度专注会产生沉浸体验的感受，这种体验的获得不需要任何专门的训练；畅爽则强调内在动机，当个体技能与环境挑战达到某种平衡时的内心感受。

第二节 休闲体育赞助

当前，休闲体育的快速发展受到了社会各界的关注。一些企业在看到休闲体育的广泛影响之后，就开始着手对休闲体育进行赞助，这对赞助商和主办机构都会产生多方面的积极影响。

一、赞助的概念和分类

国内一般对赞助做这样的界定："赞助是指企业（赞助者）和公益组织、机构及个人（被赞助者）之间以投入（资金、实物、技术、服务等）和回报（冠名、广告、专利和促销等）互惠的交换关系，是平等合作、互利双赢的商业行为。"

休闲体育的管理者应该从哲学的角度来理解赞助，即赞助必须是以交换理论为基础的。在赞助关系中，赞助商按赞助合同向休闲体育主办机构提供资金、实物或服务，在主办机构许可下享有诸如活动冠名、标志使用、场地广告、媒体曝光等权利；主办机构则按赞助合同为赞助商提供场地广告、媒体曝光等各种服务。

根据不同的标准，赞助可以划分为不同的类型：按内容可以分为现金赞助、实物赞助、技术赞助、服务赞助等。按形式可以分为独家赞助和联名赞助。按对象可以分为单项赞助、多项赞助、冠名赞助等。除此之外，还可以根据赞助商所提供赞助金额的多少分为全额赞助与部分赞助；或者根据赞助商具体数量的多少分为单方赞助与多方赞助。赞助的类型选择是否得当，会直接影响赞助的效果。

二、休闲体育赞助的功能

（一）对赞助商的功能

1. 提升赞助商及其品牌的知名度

休闲体育能够满足人们的休闲需求，有一大批忠实的参与者。近年来，随着人们健康生活理念的逐渐加深，人们对休闲体育的接受程度越来越高，休闲体育的参与人数逐年递增。在各种媒体和平台的宣传下，休闲体育项目日渐成熟，很多赞助商开始走入人们的视线，体育赞助商也在对休闲体育项目的支持中，得到了人们的关注。

2. 美化赞助商及其品牌形象

赞助商以及品牌形象主要是人们对经营要素和市场要素的综合评价。赞助商的商品形象对其开展各种商务活动具很强的促进作用，在品牌形象的支持下，企业可以迅速开展各项业务，在市场获得一席之地。品牌形象作为一种无形资产，对企业的发展具有重要的促进作用，在休闲体育项目发展的过程中，体育赞助商要科学经营自己的品牌形象，形成品牌效应。

3. 充当赞助商与潜在顾客沟通的平台

体育赞助商的赞助对象群体比较广，赞助商除了赞助与自己经营项目相关的体育项目之外，还要适当对其他项目进行赞助，扩大自己在休闲体育领域的辐射能力和影响力，为企业的进一步发展奠定基础。

4. 赞助效益优于广告

对于赞助商来说，休闲体育项目赞助往往能够起到比其他领域赞助更好的宣传效应。传统的宣传费用高，由于传统传播模式的缺陷，受众的接受程度有限。赞助商在休闲体育项目向赛事举办方，提供相应的服务和装备支持，从而引起人们的注意，迅速扩大知名度。一项研究发现 70%的高尔夫球爱好者能回想起赛事的赞助商，而他们中只有 40%的人能回忆起在赛事进行期间播放的电视广告。

5. 凸显赞助商实力

赞助商是分级别的，在多家赞助商参与的项目中，高级别赞助商出现的机会较多，也更能够引起人们的注意。有时候在某些排他性较强的休闲体育项目当中，比赛或者项目活动往往只有一个赞助商。赞助商对休闲体育项目进行赞助的过程，其实也是展示自身实力的一个机会，赞助行为会在不知不觉中影响到消费者，吸引他们消费自己的产品。比如，海尔在 2008 年对奥运会进行赞助，彰显了海尔集团强劲的实力，如图 4-1 所示。

6. 激励赞助商内部员工

对于赞助商来讲，休闲体育赞助不仅具有经济效益，还具有很好的社会效益，能够增加人们对企业的好感度，对其树立品牌形象具有很好的促进作用。另一方面，企业员工在赞助过程中可以参与到活动当中，使他们更深层地认识休闲体育活动，帮助他们更好地开发产品，更有针对性地满足人们的需求。

图 4-1　海尔赞助北京奥运会

（二）对主办机构的功能

1. 获得运营资金

休闲体育的赞助收益是主办机构获得运营资金的重要来源之一，有助于解决其经费不足的困难，为休闲体育的顺利举办提供了重要的资金保障。

2. 树立良好的社会形象

过去，休闲体育面临的一个共同难题是经营创收能力很差，主要依靠微薄的会费、捐赠和财政拨款，常常入不敷出，财务状况非常窘迫，社会形象自然无从谈起。而赞助使主办机构的社会地位上升到与赞助商家平起平坐、互惠互利，从而树立起良好的社会形象。

三、休闲体育赞助的特征

休闲体育赞助实质上是赞助商的资金或资源与主办机构的特定权力进行交换的过程，它不同于常规的广告、公关行为。体育赞助商的特征主要表现在以下五个方面：

（一）赞助的隐含性

休闲体育赞助是一种间接的广告传播行为，其诉求点隐含于赞助行为之中，赞助商通过赞助休闲体育进行广告传播，可以实现传统广告所不能完全表达的诉求信息。

（二）赞助的依附性

休闲体育赞助依附于休闲体育产品而存在，并受到体育产品和相应体育产业发展的影响。休闲体育产品及相关产业的发展会因产品的不同产生不同的受众群体，不同的社会关注程度，而这些因素往往是赞助商最为关心的问题。

（三）赞助营销的整合性

休闲体育为赞助商提供了多种赞助形式，包括活动冠名、特许标志使用、场地广告、展览或销售摊位等等。赞助商在采用多种赞助形式的同时，还可以结合广告、营业推广、促销和公关手段，取长补短，整合成包括各种营销手段的传播体系，扩大受众的范围，实现赞助目标。

（四）赞助受众的广泛性

现今，休闲体育正逐渐成为人们生活的重要部分。其健身、休闲、娱乐、社交等功能深入人心，受众范围不断扩大，任何国籍、种族、年龄、职业的人都可以参加。赞助休闲体育受赞助商的青睐程度越来越高，并且开始逐渐探索更多的合作方式。

（五）赞助的风险性

休闲体育赞助的风险性主要体现在两个方面。一是赞助休闲体育往往要求赞助商投入巨额资金，但巨额资金的投入不一定会带来更加巨大的销售收入，因此存在风险性。二是赞助是一项极其复杂的商业活动，存在多种不稳定因素。如天气变化、突发事件等等都可能直接影响赞助的效果。

四、休闲体育赞助的体系

（一）休闲体育的赞助体系构成

1. 休闲体育主办机构

休闲体育项目的主办机构是赞助商服务的对象，它与休闲体育服务的提供者赞助商共同构成了基本的供需体系。主办方是赛事或者活动的组织者，项目的赛程、赛制、时间、地点等都是由主办方负责的，其在休闲体育项目活动的举办中具有举足轻重的作用。

2. 赞助商

赞助商无偿为主办方提供资金或者服务支持，获取赛事的冠名权，是赞助体系的另一大主体。赞助商的赞助是支持活动的人或组织，可以是金钱，也可以是其他有用的东西，例如，广告或时间。就目前来看，赞助需求大于赞助供给，赞助商在体育赛事的举办中很受欢迎，因此赞助商在赞助休闲体育赛事或者活动过程中要合理提出要求，对自己的品牌进行宣传。

3. 体育经纪机构（中介）

体育经纪机构是为体育比赛提供各种需求服务咨询的机构，在体育经纪机构的辅助下，赛事主办方可以便捷地寻求相关服务，并委托体育经纪机构寻找合适的赞助商。休闲体育经纪机构是在市场需求的刺激下产生的，由于赞助需求和赞助商二者是分离的，体育经纪机构能够依托手中的资源，将二者联系到一起，促成赞助项目的达成。

4．传媒

传媒业也叫大众媒体，传统的大众媒体包括电视、报纸、杂志和广播，新型大众媒体主要是指网络平台。休闲体育项目在媒体的传播下，才能让更多人知晓并参与其中，宣传效应也是赞助商最为关心的，因为赞助商的品牌推广是依靠传播进行的，而传播离不开媒体，因此媒体也是赞助体系中的重要部分。

（二）休闲体育赞助过程的管理

面对激烈的竞争和日益复杂多变的休闲体育市场，主办机构必须精心策划并管理控制整个赞助过程，其管理过程大体可分为三个阶段：

1．第一阶段：分析外部环境

外部环境主要是指从外部影响休闲体育项目赞助的因素，这些因素不是项目本身能够控制的要素，比如，经济环境、自然环境和社会环境。

（1）经济环境。经济环境可以从微观环境和宏观环境两个方面来进行分析。微观环境主要是指企业或者项目开展地区的经济发展水平，这与参与者的参与度有直接的关系，经济发达地区参与程度要好于经济发展程度较低的地区，赞助商也愿意赞助发达地区的休闲项目。宏观环境主要是指整体经济发展状况，休闲体育产业的发展状况和赞助企业的发展状况，决定了赞助商是否愿意对休闲体育赛事进行赞助。

（2）社会环境。社会环境主要从文化角度考虑，如果一个国家或者地区的风俗相对保守，宗教影响力较大，那么休闲体育活动的接受程度就可能会因为这些要素受到影响，民众的参与程度难以达到预期水平，赞助商也就不愿意赞助一个没有发展前景的项目。

（3）自然环境。休闲体育的目的是帮助人们放松身心，强健体魄，如果项目开展地区的环境不好，人们不愿意参与到休闲活动中，那么项目开展的普及度也不会太高，赞助商也会因此而放弃赞助。因此，在开展休闲体育运动项目的过程中，一定要注意自然环境的改善。

2．第二阶段：分析内部环境

内部环境分析的内容包括很多方面，如主办机构的组织结构、组织文化、资源条件、价值链、核心能力分析、SWOT 分析等。按休闲体育机构的成长过程，其内部环境分析又分为主办机构的成长阶段分析、历史分析和现状分析等。

（1）主办机构成长阶段分析。主办机构成长阶段分析即分析主办机构处于成长阶段模型的引入期、成长期、成熟期还是衰退期，然后有针对性地制订赞助方案。

（2）主办机构历史分析。主办机构历史分析包括主办机构过去的经营战略和目标、组织结构、过去几年的财务状况、过去几年的人力资源战略以及人力资源状况包括人员的数量及质量等。

（3）主办机构现状分析。主办机构现状分析包括主办机构现行的经营战略和目标、组织文化、各项规章制度、人力资源状况、财务状况、活动项目研发能力、设备状况、市场竞争地位、市场营销能力等。

内部环境分析目的在于掌握主办机构历史和目前的状况，明确主办机构所具有的优势和劣势。它有助于主办机构制定有针对性的赞助策略，有效地利用自身资源，扬长避短，制订有效的赞助方案。

3. 第三阶段：管理赞助过程

主办机构对赞助过程的管理又可以具体分为三个步骤：

（1）制订计划，签订合同。该步骤通过策划，充分开发赞助资源，强调赞助效果与赞助金额的性价比；然后通过宣传与推广赞助方案，吸引企业、社团、营利性组织的关注，寻找和挑选合适的赞助商；最后，通过协商和签约，把赞助关系固定下来。

（2）合同执行，监督执行。建立执行机构，由专人负责赞助合同各项工作的筹办和实施，具体落实赞助商的各项权益，如场地广告牌的位置、产品专营摊点、媒体曝光频率等，并监督赞助过程的有序进行。

（3）反馈与总结，效果评价。休闲体育的赞助效果是指休闲体育赞助项目对赞助商、体育组织、目标受众和社会所产生的影响。对于赞助效果的测量主要是测量受众的心理效果和赞助商的经济效果。主办机构将测量结果与赞助前制定的目标相比较，总结赞助过程中的胜败得失，向赞助商提供一份详尽的赞助效果测定报告。通过反馈与总结，主办机构和赞助商在下一次合作时可以制定更恰当的赞助策略。

（三）休闲体育赞助的运作与执行

1. 制订赞助计划

（1）建立赞助执行机构。通常来说，赞助执行机构的规模是根据休闲体育项目的具体情况来定的。赞助商在决定对休闲体育项目进行赞助后，要建立相应的机构与主办方进行接洽，主办方也要成立专门的机构负责与赞助商对接。一般赞助商会从财务部门和市场部门抽调人员组成执行机构，主办方会成立赞助事务办公室。

（2）拟定赞助目标。拟定赞助目标就是选择具体的赞助项目，赞助目标要简明，操作性强，并能够量化成具体的指标，便于执行与监督。拟定赞助目标，要对赞助的项目进行评估，保证赞助的品牌效应与宣传效应。

2. 选择并接触目标赞助商

想要寻找合适的赞助商，要根据企业名录对企业进行归类，并根据其经营状况分析其赞助欲望。对赞助商进行分析和归类的目的是充分了解企业，需求匹配度最高的企业寻求合作，以便促成合作。

接触目标赞助商是对赞助商的情况和赞助欲望进行深入的了解，在与客户接触之前需要做好相应的准备工作，并准备好一旦合作的后续措施，让赞助商感觉到主办方的邀请诚意。此外，主办方要合理掌握约谈的时机，并通过交谈对赞助商的需求进行深入的了解，从而制定针对性措施。

3. 签订赞助合同

一般来说，休闲赞助的协定主要有三个组成部分，第一是确认函，第二是协议书，第三是正式合同。前两种是草拟合同，并没有法律效力，第三种是正式的合同，受到法律的保护，在当前体育赞助合同的签订中人们对正式合同的认可程度越来越高。

4. 实施赞助过程

合同实施阶段，主办方工作的核心是实现对赞助商的约定条款。一般来说，在合同实施过程中，双方都会安排人对合同的落实情况进行跟进，主办方要提供准确的时间表与项目书，按照时间一步步实现合同条款。在我国体育赞助合同中，主办方不履行自己责任的情况并不少见，最终导致双方关系破裂，影响双方的合作和体育赞助项目的信誉。在依法治国背景下，双方都要按照合同约定履行自己的责任，否则将受到法律的惩罚。

第五章　休闲体育场地设施与活动管理

近年来，随着我国经济社会发展水平和人们生活水平的不断提高，大众参与休闲体育运动的热情持续高涨，对休闲体育场地与设施的需求也进一步增长。

活动离不开必要的管理，因此，无论是从保障休闲体育活动正常发展的角度考虑，还是从推动经济发展和社会文明进步的高度出发，都应当把休闲体育活动的经营管理问题作为一个重要课题来研究。

第一节　休闲体育场地设施的运营分析

目前，我国的休闲体育健身设施无论是在质量上还是数量上都呈现出快速的增长势头。休闲体育场地设施作为人们进行体育健身和开展各种休闲体育活动的建筑场所和载体，对于休闲体育活动项目的开展具有十分重要的意义。

一、休闲体育场地设施的概念

休闲体育场地设施是人们参与休闲体育运动最基本的物质基础，也是发展休闲体育产业的重要载体。在专门的、适宜的休闲体育场所进行体育运动既是生活质量提高的重要标志，也是健康、和谐生活方式的重要体现。

一般而言，休闲体育场地设施就是用于开展各种休闲体育活动的场所或空间，然而休闲体育场地设施既不属于人们所熟悉的体育场馆，也不是简单意义上的文化娱乐建筑，而是一种复合型的体育建筑。

休闲体育场地和休闲体育设施这两个术语的含义并不完全相同，它们之间存在一定的区别。首先是休闲体育场地，由于休闲体育运动本身的多样性，使得用于开展这些运动项目的场地包括标准体育场地和非标准体育场地。既可以是用于开展保龄球运动的标准球道，也可以是攀岩运动所依靠的自然陡峭岩壁。休闲体育设施是指适合于开展休闲体育活动的体育建筑、场地、室外设施以及体育器材等的总称，它既包括了体育场地的建筑设施，还包括了体育器材。当然，休闲体育场地大多数时候也已经包括其中的体育器材，这时候，休闲体育场地与休闲体育设施所指的含义是相同的。

二、休闲体育场地设施的分类

按照不同的分类标准，休闲体育场地设施可以划分为不同类型。

（一）健康、闲暇、冒险型

以参与休闲体育活动的目的为划分标准：可将休闲体育场地设施分为健康型、闲暇型和冒险型。

随着医疗技术的发展与进步，人们的平均寿命延长了，高龄人口的数量有了明显增长，而高龄者闲暇活动的主要目的就是健康，因此健康型休闲体育场地设施是以满足人们维持和恢复健康的需求而设的，这类设施所提供的体育服务往往与身体和精神健康有关。例如，社区的康体娱乐中心、温泉或山中疗养院、健身俱乐部等。

休闲时间的增加使得人们更加关心时间的消费，即有效利用不断增加的休闲时间，充实休闲生活的内容，达到自我发展的目的。而闲暇型休闲体育场地设施便是这一趋势的产物。能够满足上述"时间消费型生活"的体育设施包括：高尔夫球、保龄球俱乐部、开展各类职业运动的大型体育场馆、瑜伽健美操中心等。

现代社会的高度制度化与结构化，使得人们必须在日常工作生活中长期扮演相似的角色或处于相对稳定的状态。而冒险型休闲体育场地设施为人们提供了暂时摆脱固有状态，感受全新体验的机会。随着安全装备的完善，这类冒险性体育活动得到越来越多人的追捧，这类体育运动的开展主要依托河流、山川、海洋等自然活动场地，再配以专业的设施装备。如广东德庆盘龙峡的皮划艇漂流、攀岩、舢板和滑水等。

（二）日常生活、广阔地域、集团度假村型

以休闲体育经营项目为划分标准：可将休闲体育场地设施划分为日常生活型、广阔地域型和集团度假村型。

20 世纪 90 年代，日本的"休闲体育学"家们，将休闲体育项目分为"日常生活型""广阔地域型"，随后日本政府为了扩大内需，又提出了以"集团度假村型"为主的休闲体育经营模式。主要用于开展与日常生活紧密相连的休闲体育项目的场所为"日常生活型"休闲体育场地设施，如用于散

步的公园路径和钓鱼的池塘。在水上、山上、空中等自然环境下开展休闲体育运动项目所需的场地设施则称为"广阔地域型"休闲体育场地设施，如帆板、攀岩等。而"集团度假村型"的休闲体育运动项目多与旅游行业结合得较为紧密。这一类型的休闲体育设施又可被进一步划分为高山型（如滑雪场）、高原及丘陵型（如高尔夫球场）、临海型（如帆船、潜水）、公园型（体育会所）、复合型（以体育为主题的休闲度假群）。

（三）单项、综合性休闲体育场地设施

以适用度为划分标准：可将休闲体育场地设施划分为单项休闲体育场地设施和综合性休闲体育场地设施。

只适用于一类或一个项目的设施属于单项休闲体育场地设施，这类设施通常在名称上已标明其用途，如广州越秀山游泳场、深圳观澜湖高尔夫球会、上海国际赛车场。能适用于多个不同类运动项目的设施则属于综合性休闲体育场地设施，这类设施的规模一般较大，且功能较全，如广东省东莞市南城体育公园就是近年来兴建的特色休闲体育公园，园内可开展包括游泳、篮球、网球、羽毛球、健身等在内的多种休闲运动项目；广州麓湖乡村高尔夫球俱乐部，则可用于开展高尔夫球、游泳、网球、健身、瑜伽等休闲运动项目。如图5-1、图5-2所示。

图 5-1 深圳观澜湖高尔夫球场

图 5-2 东莞市南城体育公园

（四）公共、私营休闲体育场地设施

以投资主体为划分标准：可将休闲体育场地设施划分为公共休闲体育场地设施、私营休闲体育场地设施。

为公众参与休闲体育活动提供服务的公益性体育设施属于公共休闲体育场地设施，这类设施一般由中央政府和各级地方政府投资兴建；以盈利为目的的经营性体育设施则属于私营休闲体育场地设施，这类设施多为私人投资或合资开办。

公共休闲体育场地设施的所有权多为中央或地方政府拥有，虽然这些设施是以公益性为目的，但也可以适当收取费用，开展经营活动，只是其经营活动和项目会受到一定程度的限制，这在 2003 年 6 月国务院颁布的《公共文化体育设施条例》中已做了明确规定。与西方休闲产业发展相对较发达的国家不同，我国的休闲体育设施以国有的公共休闲体育设施为主，其数量占所有体育场馆总数量的 2/3 还要多，特别是大型体育场馆基本上都是政府投资的，因为一般认为大型体育设施属于城市公共基础设施，其修建被视为政府的一项责任和义务。私营休闲体育设施主要集中在中小型的休闲体育场地设施中，而这类设施恰恰是休闲体育产业发展的主力军，随着我国休闲体育产业的兴起，目前我国的私营中小型休闲体育场地设施的数量正在以惊人的速度递增。

三、休闲体育场地设施未来的建设发展趋势

（一）场地设施功能多样化

未来场地设施功能多样化，呈现出"运动-公园-旅游休闲-办公"

一体化趋势。

目前，越来越多的经济较发达国家和地区的休闲体育场地的管理遵循了"运动－公园－旅游－休闲－办公"一体化的理念。例如，澳大利亚各级政府就充分利用优越的自然条件，把运动、旅游和休闲结合起来，通过举办众多的国际比赛，吸引大量游客来观光旅游，并积极鼓励本地居民参与各类休闲体育活动，为各类体育和商业机构提供办公场所，甚至还吸引其他国家的运动员到澳大利亚训练，从而促进旅游业和休闲健身娱乐业的全面发展。坐落在墨尔本市南部的"墨尔本体育与水上运动中心"便是当中的佼佼者。体育设施的这种一体化发展，不仅改善了设施的内外部环境，而且使体育与旅游、休闲、办公更加紧密地结合在一起，既提高了土地和公共设施的利用率，又能满足不同人群的需要。因此这种一体化的场馆设施，将是今后休闲体育场地设施建设发展的主要趋势。如图 5-3、图 5-4 所示。

图 5-3　墨尔本体育与水上运动中心

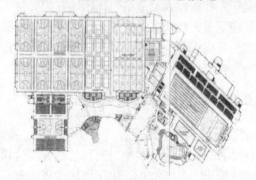

5-4　墨尔本体育与水上运动中心布局图

（二）"以人为本"的经营思想

以社区为中心进行休闲体育场地设施的建设，突出"以人为本"的人性化经营管理思想。

随着城市化进程，以及人们居住观念的更新，现代人已经改变了以单位、亲缘关系等共同居住地域的模式，趋向社区化。这一趋势使得社区的概念为越来越多的人所接受，社区的产生也反映出人们对健康、休闲、娱乐等新生活观念的追求。根据有关管理机构的预测，今后的社会地域生活单位将会是由各种企业、学校、商贸区、政府机构和各种特色居民小区共同构成，社区休闲体育应运而生。要想围绕社区开展各种各样的休闲体育活动，社区休闲体育设施的设计、建设与管理十分重要，这将在今后一段时间内成为社会发展体育场馆设施的主要方向。目前，在经济相对较发达地区的一些大中城市中，社区休闲体育场地设施的建设与管理已获得了越来越多的关注，一方面房产开发商经常可以用完备的休闲体育设施作为竞标和进行市场推广的手段，如在社区内建游泳池、网球场，甚至是高尔夫球场等；另一方面随着人们对休闲体育运动认识的加深，社区人群所参与的休闲体育活动也呈现出明显的年龄、职业、文化水平的差异。如何根据这些差异来修建体育设施已经成为社区的建设者、居民和管理当局十分关心的一个重要问题。在国外休闲体育发达国家，由于社区体育发展较早，已经形成了一些较为成熟的建设管理经验。国外的社区休闲体育设施无论在建设设计中，还是在管理服务中，都细致考虑到不同类型体育人群的休闲体育需求，并一贯秉承了人人都有权利欣赏体育、参与体育、分享体育。体育设施的科学管理有利于社区内的各个群体参与体育和享用设施这样的理念。例如，在老龄化严重的日本，政府十分重视为老年人和残疾人创造参与休闲体育的机会。目前，日本各大城市都由政府出资建立了人数众多的老年人、伤残人体育服务中心。如大阪市就建有 2 个专门为残疾人和老年人设计的规模较大的体育中心，其中"长居伤残人体育中心"就十分具有代表性。

（三）"专业化"和"细微化"管理

休闲体育场地设施的经营管理更为"专业化"和"细微化"。

目前许多休闲体育设施均为大型的、有特色的、以营利为目的的私营场馆设施。如像德国的勒沃库森拜尔 04、中国深圳的观澜湖高尔夫球会等俱乐部体育设施，均是以营利为目的的，其管理体现出"专业化""系统化"思想。从这些俱乐部的经营来看，他们同经营企业一样建立有不同的管理及经营机构，如策划部、督办部、营销部、培训部、预算部等，常常拥有各个方面的专门化人才，既有体育专业人士，又有经济、文化、美术、管理、法律、广告等专业人才。各部门各司其职，相互协调，在发挥出其最大作用的同时，获得最大的利润。而休闲体育场地设施的"细微化"管理思想，又是"专业化"思想的内涵延伸。所谓"细微化"思想，是指在对休闲体育场馆的管理中，细微的方面都能引起管理部门的重视，如为了方便观众和使用者在大型活动期间的安全，避免迷失，有些设想周到的设施会设有出租临时呼叫机业务，专设伤残人订、售票窗口，设入场导引员等。美国卡罗来纳州富兰克林体育场的一些管理规定就能体现管理"细微化"思想。如不允许将模拟噪声发生器、酒精饮料带入该体育场；出租临时呼叫机；专设使用轮椅的伤残人入口处；设伤残人专用停车场等。

四、休闲体育场地设施的运营要素分析

休闲体育场地设施的运营是通过适当的管理方法和技术手段，发挥体育场地设施各种人员的作用，把投入到体育场地设施中有限的资金、物资以及信息资源转化为可供出售的体育服务产品的过程。

运营是休闲体育场地设施管理中最复杂、最具有综合性的职能。运营的好坏将直接关系到休闲体育设施能否高效成功地经营下去。尽管体育设施的运营与大多数企业运营管理的基本原则相似，但仍然存在显著的不同。跟传统的运营管理关注服务的生产过程不同，休闲体育场地设施的运营管理更关注如何提供服务。在这一前提下，休闲体育场地设施的运营要素归为如下几类，如图 5-5 所示。

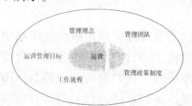

图 5-5　休闲体育场地设施运营要素图

（一）运营管理目标

简单来说，目标是指个人、部门或整个组织所期望取得的成果。在休闲体育场地设施的运作中，运营管理目标的设置是必不可少的，所有休闲体育设施的运营都要遵从既定的目标任务或运营方向的指示。大多数休闲体育场地设施的管理部门都有正规的目标任务，这些目标任务有可能是单一的，也有可能是由多个子任务所构成的目标任务系统。运营管理目标不

仅为休闲体育场地设施的运营指明了方向，还为制定预算提供了参考数据。运营管理目标制定的恰当与否直接决定了休闲体育设施运营的成败。因此，制度运营管理目标的任务应该对设施比较了解、有较丰富运营管理经验的高级管理人员负责起草，此外，还应听取员工的意见，在收集了所有参与运营员工的反馈意见后行文汇编。

休闲体育设施的运营目标一般由长期目标和短期目标共同组成。长期运营目标是管理人员对可实现的运营成果或期望的表述。而短期目标则是完成特定长期目标的支持条件。此外，所有短期目标都应该能够量化，要做到可测量、可计算、可比较。

例如，某会员制休闲健身俱乐部的长期运营目标为持续稳健的发展。显然，"持续稳健发展"是一个非量化的目标，且需要一定的时间方能实现，所以为了衡量这个长期目标的完成效果，俱乐部的管理人员就必须设置多个可以量化的短期目标。对于会员制休闲体育设施来说持续稳健的发展可能意味着更高的营业额、更多的会员、更高的设施使用率、更高的品牌识别率等。这些可以测量的具体指标就形成了该俱乐部的短期目标系统。

最后，还需要说明一点就是，休闲体育设施一般会根据规模大小分成多个部门，但是，不论部门承担的是何种工作职责，所有员工都应该参与到设施的运营管理中去。只有全体员工都支持目标任务、长期目标和短期目标，这些运营管理目标才具有真正的意义。

（二）管理理念

休闲体育场地设施的管理理念是指组织在市场中为实现其业绩、管理目标和价值观，在提供休闲体育产品与服务时应保持的一种长期视角。无论组织的管理理念是单一的，还是复合的，都为休闲体育场地设施在竞争激烈的市场环境中开发产品与服务，以及培养管理者等方面创造了一种连贯的组织结构和商业模型。

具体来说，休闲体育设施的管理理念应该成为管理人员制定工作指导方针和确定经营方向的基础。因此，休闲体育设施的管理理念应始终围绕为消费者提供优质的休闲体育服务这一核心内容，而不应只是片面追求盈利和市场占有率。

（三）管理团队

在休闲体育场地设施的管理中，管理团队是指本着共同的目标，为了保障休闲体育设施的有效协调运作而建立起来的管理组织。休闲体育场地设施的日常运营必须依靠各类经营管理人员来完成，而供职于各个职能部门的经营管理者也就成了管理团队的基本构成元素。

由于内外部经营环境的差异，往往使得各类休闲设施的经营理念和管理模式存在一定的差异，这种差异也同样会反映在管理团队组成上。大多数的休闲体育设施管理团队可分为两个层次。

首先是高级管理团队层次，这一层次也是整个设施运营的最高决策层，根据场馆的大小和功能，一般由总经理、首席执行官或执行董事组成，他们在设施的运营中主要负责包括管理的理念、任务、政策和流程、组织要素、预订和时间安排、合同、管理手册和评估程序制定等职能。其次是各个职能管理层，主要包括负责市场营销、公众关系、财务等的职能部门的运作和具体事务的处理。

（四）管理政策制度

休闲体育场地设施的经营管理制度是在指定的条件下，从各种备选方案中挑选出来的某一明确行为准则，它对休闲体育设施现在和未来的经营管理决策具有指导和决定作用。管理政策制度是根据目标任务制定的，它是所有运营程序建立的基础。

在特定情况下，管理制度是管理者做出决策背后的原因，即为什么做出这种决策。在休闲体育场地设施内部其管理政策制度主要有两个目的，一是要使组织内部的决策必须与组织的战略目标保持一致。如果决策不能与战略目标保持一致的话，将会为组织的运营带来很大的负面影响。例如，某休闲体育中心的战略目标是建立顾客的忠诚度，并与顾客间建立长期的发展合作关系。要使这一战略目标可行，需要前台员工的积极配合。

因此，中心管理层可能决定让前台员工在上岗前都参加客户关系管理的相关培训课程，以确保每个员工都了解中心的战略目标，并且有足够的知识与能力去完成这一目标。制度的另一个目的是保证整个组织在决策制定方面有一定的连续性。通常情况下，决策的形成受决策者个性、价值观和经验水平的影响较大。政策制度可以通过确定指导方针来保证决策的连贯性，并尽可能地减少个人因素对决策的影响。

（五）工作流程

工作流程是休闲体育设施内各项具体运营任务应如何执行的指南。总的来说，流程和政策制度规定了更加具体的行动方案。工作流程执行程序是指导员工和管理者工作的路线图。

简单来说，工作流程就是要回答"如何让休闲体育设施运作起来？"这一问题。另外，它还是由一系列操作步骤形成的各种传统工作方法。负责休闲体育设施管理的员工应按照这些步骤履行相应的职责。

例如，根据休闲体育场地设施运营的一般工作流程，在场地设施正式开放营业之前，负责基建的管理人员应该先确立自己的管理理念和管理风格，以及合适的设施使用规定和操作程序，并且通过具有限制因素的手段方法清楚地反映出设施的使用要求，最后，再将这些基本的划定和程序有效地传达给员工、承租者和普通公众。

综上所述，休闲体育场地设施要想在复杂的市场环境中成长为有竞争力的、成功的休闲体育娱乐设施，必须确立正确的目标任务、管理理念，构建起强有力的管理团队，并制定出有效的管理政策制度和工作流程。

第二节　休闲体育场地设施的运营实践管理

在现今社会激烈的竞争环境下，要想成为一个优秀的休闲体育场地设施的经营管理者，除了要熟知休闲体育设施运营的要素，以及清楚把握设施运营管理范围内的各种职能方法外，还要了解各种休闲体育运动项目和场地设施的经营管理特点。只有这样才能在充实专业知识面的同时，为将来可能要应对的竞争做好准备。

一、休闲体育公园

（一）休闲体育公园的概述

休闲体育公园是以运动为主题修建的公园，主要供人们进行体育锻炼，参加体育游戏，从而起到放松身心、缓解压力，甚至是预防和医治疾病的作用。它超越了一般公园的功能，有机结合了绿地与运动，同时也为市民提供更多的、充满乐趣地参与体育活动的机会，是城市居民身心健康的"充电器"。自古以来，体育活动与绿化就有着密切的关系。古希腊人认为：只有在自然环境中进行体育锻炼，对人的智慧和身体发育才能产生有益的作用和影响。早期，人们将运动场地建在大片绿地附近或直接建在草地上，后来逐渐发展到从建筑密集的城市中心划出一小块土地，设置体育运动设施，供居民在自然环境中进行户外游憩。

现代体育公园的概念是国际上于 20 世纪 90 年代提出的，而实际上发达国家在 20 世纪三四十年代就已经开始尝试建设体育公园，并在欧洲形成了一定的规模。

体育公园的概念经过了一个发展演变的过程。美国、加拿大等北美国家最初在城市中设立公园，是意图把乡村的风景引入城市，美化城市的环境，让公园成为城市的呼吸空间。早期的公园仅提供观赏类的被动娱乐，人们不能在公园里玩耍、游戏和运动，不允许在草地上行走和躺在草地上。后来在 1900 年前后，在最初设计的休憩公园里，开始出现游乐场、室外体操场、运动场及其他运动设施。这样将自然景观与体育设施组合在一起的方式成为市立公园及休闲系统的新概念。以后初步发展了各种以运动游憩为主的公园。随后，体育公园的概念在 20 世纪末在欧美国家逐步发展，兼有带动本地经济与增加居民运动健身的双重功能。戈罗霍夫和伦茨认为体育公园设在景色如画的园林空间中，它的体育设施、运动场以及在这些场地所举办的体育系列训练活动、体育表演和竞技比赛及保健活动，就会吸引城市居民来此休息

（二）休闲体育公园的设计建设与管理

休闲体育公园的出现，是城市居民在一定物质生活条件满足之后，追求更高层次生活质量的必然趋势。体育公园在设计过程中需充分把握其属性，创造出顺应时代特点的园林。体育公园的类型很多，有从事某一项（如高尔夫、水上运动）运动的；有供某一年龄组（如少年儿童、青年）使用的体育公园；或按功能作用不同而分的（如训练、体育表演、体育医疗等）；也有多功能的综合体育公园，既可进行各种不同的体育锻炼，又可供游人进行休息。

目前，休闲体育公园已在很多国家得到了推广。这类公园的布局形式很多，其布局基础就是创造出令人心旷神怡的风景，并将体育活动与自然环境融为一体。例如，英国的希尔公园，它是英国的第一座体育公园。园内设有游泳池、网球场、游船、湖泊、码头和其他设施。在英国，草地和铺设了地被植物的林中空地多用作体育运动场，从而使这些场地真正具有公园特色。在瑞士的苏黎世也建有许多独特的体育公园中心系统。设计师在灌木之间开阔的林中空地上建造了体操场、体操馆。在草坪和硬质地面上建造了游戏场、

游泳设施和文化教育设施，包括展览馆、音乐厅和游艺馆等。在面积有限的用地上集中建造了很多设施和装置，为游人安静休息和从事多种形式的训练和娱乐创造了宜人的环境。在各分区和各场地间，合理配置的绿化与巧妙利用自然地形相结合，不但使各个区域，而且使公园与周围用地间形成了良好的隔离。这些都是国外休闲体育公园中较为成功的范例。

目前国内不少城市，如北京、上海、西安、深圳、东莞等都兴建了体育公园。上海市闵行区环城体育公园便是上海市修建的第一个休闲体育公园，面积达 900 亩，位于上海外环线环城绿化带上，是集丰富的自然景观和体育活动设施为一体的主题公园。

公园的设计突出体育公园的特色，将运动休闲融于独特的环境景观之中。公园的设计明确划分了三大功能区，即体育活动区、自然休闲区和生态健身区。公园空间环境的创造，将现代都市人的关注生命、享受生活的需求始终置于首位，力求体现生态化和人性化。它在功能上与体育设施相呼应，将健身活动融于自然景色中，从而达到了生态健身的效果。

由于休闲体育公园除了跟普通公园绿地一样有各类植被和游乐设施，还包含了各类体育场地设施，因此在管理上多采用"公园绿地＋体育设施"的复合管理模式，以保障各类设施有效运作。作为公共设施公园绿地在经营过程中往往以追求较好的社会效益为其运营管理目标，而非利润最大化。

然而，公园中的各类体育设施，特别是那些高规格的竞赛场地则需要平衡好满足公共需求与获取盈利之间的关系。作为休闲体育公园的经营管理人员应根据休闲体育公园不同场地设施的特性，合理规划各类活动、做好体育设施的维护，以便为大众提供各类高质量的休闲体育服务产品。

二、高尔夫场地设施

（一）高尔夫运动的概述

"高尔夫"本是英语"golf"的音译词。在英语中，golf 一词是由绿（green）、氧气（oxygen）、阳光（light）和友谊（friendship）这四个单词的打头字母所组成的。一项运动，能兼有上述四项诱人的内容，足见其独特的魅力所在，难怪它能得到崇尚休闲的现代都市人的宠爱。

高尔夫运动的起源一直是个谜，早在公元前二三百年，在中国和古罗马都曾流行过类似高尔夫球的以杆击球的球戏。但一种公认的说法是，14 世纪时，苏格兰东海岸的渔民发明了这项运动，他们用树枝或者棍子，来击打路边的圆石，以此作为消遣，如果圆石掉进兔子洞，就算赢得胜利。此后，这项运动逐渐引起了宫廷贵族的浓厚兴趣，最终成为苏格兰的一项传统运动项目。由于打高尔夫最早在宫廷贵族中盛行，加之高尔夫场地设备昂贵，故有"贵族运动"之称。也正是有了皇家的喜好和庇护，高尔夫才会有极其迅速的普及和发展。

高尔夫在 1900 年和 1904 年奥运会上曾被列为比赛项目，但不是奥运会的正式比赛项目。这项运动于 19 世纪末传入中围。1931 年中国、英国和美国商人一道在南京陵园中央体育场附近开辟了高尔夫场地，并合办高尔夫俱乐部。1985 年，中国高尔夫球协会成立，1986 年 1 月，我国首次举办了"中山杯"高尔夫邀请赛。近年来，全国各地修建了一些高水平的高尔夫球场，该项运动在我国也正在以极快的速度迅速普及和发展，如图 5-6 所示。

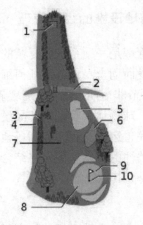

1：开球区；2：河川；3：深草区；4：界外；5：沙坑；
6：水塘 ；7：球道；8：果岭 ；9：旗杆 ；10：球洞

图 5-6 高尔夫球场示意图

（二）高尔夫球场地与器材

1. 高尔夫球场地

高尔夫球运动的场地设施一般包括了会所、标准球场、练习场及一些附属设施。标准高尔夫球场的总长在 5000 ~ 7000m 之间，宽度不限。根据场地和球会的规模，球场一般有两种主要规格，分别为 9 洞和 18 洞等。标准高尔夫球场设有 18 个球洞，每个球洞所在的场地大小不一、形状各异，然而无论场地的外在条件如何，每个洞场均由发球台（开球台）、球道、果岭和球洞组成。

2. 高尔夫球器材

高尔夫球是一个质地坚硬，由 400 多个浅凹所覆盖的富有弹性的实心小白球。一般有两种类型：一是缠绕球，这种球有一个由橡胶绳紧紧缠绕的实体核心。二是双层球，这类球有一个在橡胶球中被缠绕的液体核心，然后由另外的合成材料所覆盖。

高尔夫球杆由杆头、杆柄、杆把组成，可分为木杆、铁杆和推杆三大类。开球或击远距离球时通常用木杆。木杆按长度分为 1、2、3、4、5 号杆，1 号木杆最长，击球距离最大，一般发球时使用。铁杆可使球的落点更准确，分为 1~9 号杆、劈起杆（P）和沙滩杆（S）。推杆在球被打上果岭后或离球洞较近且地面较平整时使用。

（三）高尔夫球场地设施的经营管理

高尔夫球场的经营管理是一项系统而复杂的工程，说系统，是因为各个环节联系紧密，牵一发而动全身，甚至任何细节的疏忽都可能导致严重的后果，而且各个管理环节非短期可建立；说复杂，是指其涵盖草坪种植、维护、管理，园林景观、球场运营管理、产品设计、销售等多种措施。怎样合理利用现有资源，完善运作流程，提高场地设施运作效率，是每个高尔夫球场经营管理者所关注的问题。下面将结合高尔夫球场运作的特点，从四个方面来说明如何提高其球场运作的效率。

1. 时间管理科学化

高尔夫球场在其运作活动中受时间的约束很大，顾客的随机到达，更增加了球场时间安排的难度，特别是在节假日，当顾客需求超过球场的实际接待能力时，就会出现"压场"等现象。为了使球局顺畅进行，有必要从以下方面加强时间管理：

（1）提前预订。即在周末及节假日提前预约开球时间和在每次签到开单时确定开球时间。

（2）编组队列。在节假日等繁忙时段提倡多人编组下场，限制 3 人以下小组下场。

（3）限制杆差。在周末及节假日特定时段，限制球差在 36 以上的男球手和杆差在 42 以上的女球手打球。这样可以调节工作日和节假日的客流量，提高球场的运营效率。

（4）准时开球。开球时间一旦确定，工作人员应保证球手准时开球。

当球手因延误了确定的开球时间，工作人员则只能在后续的空闲时段安排其下场。

（5）加强巡场。由三位职业教练（球手）轮流巡场，控制整体流动节奏，提示超时慢打的球手，处理影响正常运行的事宜。提倡球手慢打快走，在 4 小时 15 分钟内完成四人组球局。

（6）强化顾客时间观念。建议顾客在预订的发球时间之前 30 分钟抵达会所，并在 10 分钟之前到达出发站等候工作人员通知开球。

2. 信息沟通顺畅化

高尔夫球场信息沟通涉及业主方、球员、员工和行业协会间的各种沟通。根据球员与行业反馈的信息要求以及重要活动安排及时对球场养护计划进行调整。有效的信息沟通，可以让管理者做出合理的场地安排，从而让球场更有效地运作。信息顺畅的沟通需要有技术的支持，球场监控系统软件的开发，可使球场或是赛事组委会工作人员随时掌握球场状况，以及比赛的进度，从而保证能够及时调整规划或人员配置，这无疑将大幅提升高尔夫赛事的节奏与球场管理的效率。

3. 分工协作明确化

高尔夫球场作为一个多部门、多功能的综合性休闲体育设施，虽然各部门的功能不同，但都相互联系、互相制约，所以他们之间的分工协作对球场的正常运作非常重要。高尔夫球场各部门为顾客提供一系列不同的服务，其中任何一项服务不到位，都会影响顾客的满意度。如球童供应不足，草坪养护不够，机械设备出现故障不能及时修理等问题，都会影响整个球场的运作。因此，各部门不仅要明确分工，各司其职，还需要通过大力开展协作来处理日常或突发的事件。

4. 价格制定合理化

随着我国经济发展水平的不断提高，以及高尔夫球运动在国内的迅速普及，对与高尔夫运动相关的各项消费需求也在不断扩大。然而，在外部形势一片大好的情况下，却有很多球会在抱怨"生意难做，经营亏损"，与此同时，消费者则普遍反映高尔夫俱乐部"门槛太高，消费不起"。这一问题的产生，究其原因主要是高尔夫球俱乐部的价格制定不甚合理，且缺乏策略。价格制定不合理会使顾客对球场望而却步，球道设计得再完美，没有了顾客，球场内所有资源也无法得到有效利用。

当然，高尔夫球场的高效运作，不仅要为消费者提供合理的价格，还要考虑到球场的经营成本和资金运转情况。因此，要使中国高尔夫健康地发展起来，控制价格和成本是一个突破口。

三、保龄球馆及设施

（一）保龄球运动的概述

保龄球是由 3—4 世纪流行于德国的"九柱戏"演变而来的。今天所开展的十瓶制保龄球，乃是由九瓶制演变而来，而九瓶制保龄球则是由被称为"保龄球之父"马丁路德发明的。随着九瓶制保龄球的流行，这项运动也从最原始的在户外土地上开展，渐渐改良为在抹石灰、铺地板的投球台上进行，最后甚至加盖围墙及屋顶，演化为现在的在室内进行。

17 世纪以后，保龄球被带入了美国，随后美国人对保龄球进行了改进，增加了一只瓶，并形成了延续至今的十瓶制保龄球。保龄球在被带到美国后得到了迅速的发展。1841 年在纽约州的古利尼吉镇上，设立了全世界第一家保龄球馆。1895 年 9 月，美国保龄球协会（ABC）成立。从此，保龄球运动成为一项正式的体育运动。1952 年，国际保龄球协会（FIQ）成立，总部设在芬兰的赫尔辛基。

在我国影响比较广泛的比赛主要有：

（1）世界保龄球比赛通常由世界保龄球联合会组织进行，每四年举行一次世界运动会，由各成员国派出一男一女两名运动员参赛。每两年举行一次世界保龄球锦标赛和世界青年保龄球锦标赛等。

（2）亚洲保龄球比赛通常由亚洲保龄球联合会组织进行，大型比赛有：亚洲运动会保龄球比赛、亚洲室内和武术运动会保龄球比赛、东亚运动会保龄球比赛、亚洲保龄球锦标赛、亚洲青少年保龄球锦标赛、亚洲中学生保龄球锦标赛、ABF 巡回赛东亚保龄球锦标赛等。

（3）中国规模最大的保龄球赛事是全国保龄球锦标赛，该赛事每年举行一次，采取世界锦标赛和亚洲锦标赛的赛制，分设男女单人赛、双人赛、三人赛、五人队际赛、全能、精英、团体等十四个项目。此外，还有每年暑假举办的全国青少年保龄球锦标赛、以全国保龄球运动员积分排名制度为基础的全国保龄球精英赛等赛事。

（二）保龄球馆与器材

投球台、球瓶和球是开展保龄球运动的三项基本器材。

1. 投球台

保龄球球馆里从取球、投球区、球道到球瓶区的一切设备，统称为投球台设备。

（1）助走道。助走道是球员投球时助走用的，是球员进行助跑、滑行、掷球的地方，宽 1.52m，长度不少于 4.57m。

（2）球道。球道是球员用滚动的球击打球瓶的地方，球可以在球道上任意滚动并构成各种球路，去击中目标（10 个木瓶）。目前使用的标准球道用 39 块宽 3cm、厚 15cm 的枫木或松木条拼制而成，长 19.15m，宽 1.042 ~ 1.066m。

（3）犯规线。犯规线是球道和投球区的分界线，宽 0.95cm。

（4）回球道（在两条球道之间的底部）和回球机。顾名思义是把运动员掷出的球送回来，是保证球员再次投球的必备装置。

（5）记分设备。保龄球的记分设备在球员休息区内。现代化的保龄球馆都有电脑记分系统和选瓶装置。

2. 球瓶

保龄球球瓶是以坚韧耐撞的枫木制成，并在球瓶表面涂上抗强撞击的塑质化合物涂料。球瓶的外形似香槟酒瓶，高度为 37.50cm，底部直径为 5.02cm，腹部最大直径为 12.10cm，颈部直径为 4.60cm，表面形成光滑的曲线。

3. 球

保龄球的标准直径是 21.5cm，周长不得大于 68.58cm。球的质料是用塑料、胶木、树脂等高分子材料合成，由球核、重量堡垒、外壳 3 部分组成。球上有三个指孔用来抓球。

（三）保龄球馆及设施的经营管理

相较其他休闲体育运动项目，保龄球在我国的开展时间相对较长，且行业管理也更为规范。如早在 2003 年广东省体育局就制定了《广东省经营性保龄球馆管理办法(试行)》，为广东省保龄球市场的发展建立了行业规范。

由于保龄球运动具有不受年龄、气候限制，器械简单等优点，随着全民健身运动全面推开，各地保龄球馆也在这股热潮中迅速发展起来。保龄球馆数量的增加，使得市场竞争越来越激烈，因此经营与管理就显得尤为重要。保龄球馆经营和管理是相辅相成的，好的经营是管理的保证，优良的管理是搞好经营的基础。

为了提高保龄球馆的经营管理效益，在保龄球项目的经营和作用过程中应该注意以下几点：

1．延长营业时间

随着人们夜生活的不断丰富，利用夜间闲暇时光去保龄球馆已成为时尚，夜场的收入可观。因此，现在许多大型的球馆都实行 1 周 7 天，24 小时营业，以便最大限度地满足消费者需求。

2．时间段收费

不同的时间要制定不同的收费价格。不同的收费价格是为了适应不同收入的消费群体而制定的。一般来说可分为晨练场、早场、下午场、晚场、夜场等。例如，早场的时间段一般是 6 时至 10 时，价位较低，由于时间较早一般适合学生、教师、老年人保龄球爱好者。而晚场时间段一般是 18 时至 23 时，该时段为大多数人下班时间，客流量大，价位相对较高，其销售业绩一般要占到全天营业额的三分之二，被称为黄金时段。因此，要把此时段作为全天营业的重点。有的场馆还根据晚饭时间客流量少而推出价位更低的黄昏场。制定这些时间段的目的是为了提高球道使用率，增加客流量，提升球馆的营业收入。各球馆要根据所处的地理环境、道路交通及经济发达程度的不同而制定相应的时间段价位，不要盲目随行就市。

（四）可供选用的促销方式

为了应对激烈的市场竞争，对于保龄球馆的经营管理者来说，各种促销手段的使用是必不可少的。下面列举了几项保龄球馆所常用的促销手法：

（1）人员促销：团队活动，技术培训班。

（2）媒体促销：扩大促销范围，提高影响。

（3）公关促销：广泛推销会员卡，举办比赛提高球馆知名度。

（4）营业推广：举办各种活动，提高兴趣。

保龄球馆的经营与管理需要根据具体情况，综合实际工作的经验，制定适合本场馆的经营方法与管理模式，在不断变化的市场中发展与完善。

四、攀岩场地设施

（一）攀岩运动的概述

攀岩是从登山活动中派生出来的一项运动，它起源于 20 世纪 50 年代的欧洲。登山者即使选择最容易的路线攀登几千米的高峰，在途中也免不了要遇到一些悬崖峭壁，所以说攀岩也是登山运动的一项基本技能。攀岩运动是利用人类原始的攀爬本能，借以各种装备做安全保护，攀登一些岩石所构成的峭壁、裂缝、海蚀崖、大圆石、冰川以及人工制造的岩壁的运动。

国际上主要的攀岩比赛项目有速度赛、难度赛和攀石赛，与其对应的分别是速度攀岩、难度攀岩和攀石。

速度攀岩：采用顶绳攀登，上方保护，以追求完攀线路的速度为主要目标的攀登。与其对应的速度赛是指运动员们依次攀登由定线员在赛前专门设定的速度线路，以完攀线路的时间为成绩的比赛。速度越快，成绩越好。

难度攀岩：采用先锋攀登，下方保护，以完攀具有一定难度的线路为主要目标的攀登。与其对应的难度赛是指运动员们依次攀登由定线员在赛前专门设定的难度线路，在相同的关门时间内以攀登高度为成绩的比赛。高度越高，成绩越好。

攀石：也被称作"抱石"，指在没有绳索保护的状态下攀登一般不超过5 米高的岩壁的攀岩运动。一般采用海绵垫或充气垫做保护。由于没有绳索的影响，这种方式可以最大限度地发挥攀登者的极限攀登能力。与其对应的攀石赛是指运动员们依次攀登系列由定线员在赛前专门设定的短而难线路以完攀这些线路的数量为主要成绩判定依据的比赛。完攀线路的数量越多，成绩越好。

1947 年苏联成立了世界上首个攀岩委员会。1948 年苏联在国内举办了首届攀岩锦标赛，这也是世界上第一次攀岩比赛，此后攀岩运动便迅速在欧洲盛行起来。1985 年法国人弗兰西斯·沙威格尼发明了可以自由装卸的仿天然人工岩壁。因人工岩壁比自然岩壁在比赛规则上易于操作，并利于观众观看。1987 年国际攀登委员会批准人工岩壁上的攀岩比赛为国际正式比赛，并于当年在法国举办了首届人工岩壁上的攀岩比赛。

在我国，1987 年 10 月在北京怀柔的自然岩壁举办了第一届全国攀岩比赛。1993 年，攀岩比赛被国家体委列入正式比赛项目，此后每年都举行一次全国锦标赛。

（二）攀岩场地与器材

1. 攀岩的场地

目前，用于攀岩的岩壁主要有天然、室外人工和室内人工三种。天然岩壁是大自然在地壳运动时自然形成的悬崖峭壁，给人的真实感和挑战性较强，可自行选择攀岩的岩壁和攀岩路线及攀登地点，而且天然岩壁的路线变化丰富，如凸台、凹窝、裂缝、仰角等，能让攀岩者深刻体会到"山到绝处我为峰"的感受。而人工岩壁是人为设置岩点和路线的模拟墙壁，可在室内和室外进行攀岩技术的训练，难易程度可随意控制，训练时间比较机动，但高度和真实感有限。

由于受条件限制，当前在各地所营运的多为人工岩壁攀岩场所，根据修建所使用的不同材质可以分为打孔锁岩块攀岩场、木合板攀岩场、平面合成板攀岩场，以及合成材质——3D 曲面雕塑岩板攀岩场。

（1）打孔锁岩块攀岩场。打孔锁岩块攀岩场是目前施工方式最简单，成本最低的攀岩场类型。只要遵照标准的技术规范在混凝土壁上钻孔，打入膨胀锚桩再锁上岩块即可。

（2）木合板攀岩场。此种人工岩场是以热压木合板，外面再涂上一层多元酯凝结物，背面以金属钢架支撑建构而成。由于它是由一块块木合板组合而成，因此它除了最基本的平面形式以外，还可以在经由计算以后，事先裁好大小不同的板子，组合成立体凹凸的简单攀岩岩面，因此，它的成本比打孔锁岩块形式的岩场要高出一些，但是岩面的变化度也相对更丰富。

（3）平面合成板攀岩场。这种岩场是由单位岩板组合而成。制作合成岩板的基本材料是玻璃纤维补强多元酯。合成岩板最大的优点是除了有木质合板岩场的优点外，原先木合板的缺点都能一一克服。因为透过模块化的简单组合，无论是简单或是变化复杂的设计，都可以如积木般组装起来，加上本身材料特性，表面浮雕及粗糙化处理，使得它无论触感也好，模拟三维立体变化也好，都是目前世界上最佳的岩场材料。

（4）合成材质 3D 曲面雕塑岩板攀岩场。3D 曲面雕塑岩板依其字义可以理解是一种非平面的立体岩板，因其非平面的岩板立体变化表面，使得人工岩场进入一个更高的境界，不论是外形还是质感都能像真的岩石那样优美和自然。这种岩面是由每块 1.0×1.0m 见方的三度空间立体岩板构成。

2. 攀岩的器材

攀岩器材的准备是攀岩运动的组成部分，它直接关系到攀岩者的生命安全，在攀岩器材的准备当中一定要对器材的安全性和可靠性进行细致的检查。一般攀岩器材分为个人装备和攀登装备两类。个人装备主要包括：安全带、下降器、安全绳索和绳套、安全头盔、攀岩鞋、镁粉和粉袋。攀登装备则主要有：攀岩专用绳（动力绳和静力绳）、铁索和绳套、岩石锥、岩石锤和岩石楔。

（三）攀岩场地设施的管理

如前所述，由于天然和人工攀岩场地本身在材质和构造上存在较大差异，因此在经营管理上，也应针对场地本身的特点而采取不同的经营管理方法和措施。

1. 天然攀岩场地

在天然场地开展的攀岩运动多在野外进行，一般来说，天然攀岩场地受周边自然环境的影响较大，所以这类场地设施的经营管理较难把握。但与此同时，多数天然攀岩场地能较好地与各类旅游风景区融合在一起，有些用于攀岩的天然峭壁甚至能成为旅游景区吸引游客的重要卖点。

在天然场地开展的攀岩运动危险性一般较高。因此，对这类攀岩场地设施的管理应主要集中在安全保障与风险管理上。为了保障广大攀岩爱好者的人身安全，各类休闲旅游景区和天然攀岩场地的经营者和活动的组织者应严格按照我国有关法律法规制度开展经营活动。

2. 人工攀岩场地

与天然攀岩场地相比，人工场地的可控性要高很多，在经营管理上的难度也相对较小。但可控并不代表没有危险，由于攀岩运动本身的特点决定了该项运动必将与危险为伍，因此即使是人工攀岩场地，经营管理者也应严格按照《攀岩攀冰运动管理办法》的有关规定开展经营管理。

对于人工攀岩设施来说，岩面是攀岩运动所依赖的最主要的物质基础，也是吸引消费者的核心产品。因此，岩面材质和攀登路线的设计就显得格外重要。随着科技的进步，目前用于人工攀岩场地建设的可选材质也越来越多，因此经营管理者应注意各种材质在安装使用过程的不同特点和要求，并进一步根据自身经营场地材质的特点，做好路线设计，岩面维护，以及攀岩指导人员的招聘、培训等工作。

五、壁球场地设施

（一）壁球运动概述

约在 1830 年前后，英国著名的贵族学校哈罗公学的学生发明了壁球这项运动。因球在猛烈触及墙壁时发出类似英文"SQUASH"的声音而得名，这就是我们今天的壁球。1864 年，在哈罗修建了世界上第一块壁球专用场地，这也成为该运动正式创立的标志。

世界壁球联合会：1900 年开始有了壁球的男子和女子比赛。1967 年作为国际上专门管理壁球运动的体育组织，国际壁球协会成立。它的职责是负责管理全世界范围内壁球运动的开展。在 1984 年以前，这个组织下属有两个协会，一个是男子壁球协会，一个是女子壁球协会。到 1984 年两个协会就统一合并成了一个协会。随着国际壁球协会会员国的不断增加，到 1992 年国际壁球协会正式更名为世界壁球联合会。时至今日，世界壁球联合会已发展成一个庞大的、组织严密、管理有序的组织。截止到 1999 年，共有正式成员 115 个，开展壁球运动的国家和地区达 135 个；全世界范围内经常参与壁球运动的体育爱好者超过 1500 万，有标准壁球场近 5 万个。如同网球有 4 大公开赛、大满贯赛一样，职业壁球界也有著名的 4 大赛事，即历史最悠久的英国公开赛、香港公开赛、美国纽约的冠军赛和世界公开赛。

中国壁球协会简称"中国壁协"，是中国奥林匹克委员会承认的全国性单项运动协会，是代表中国参加国际壁球联合会、亚洲壁球联合会和其他国际壁球组织的唯一合法组织。主要职能是促进全国壁球运动的发展和运动技术水平的提高；负责组织全国性的壁球竞赛和训练工作，加强协会、俱乐部之间的联系与交流等。主办的重要赛事有中国壁球公开赛、全国壁球巡回赛等。

（二）壁球场地与器材

1. 壁球场地设置

壁球场地分为单打和双打两种，国际壁球联合会所规定的标准单打场地是一个长 9.75m、宽 6.14m、不低于 5.64m 的长方形房间。双打场地的长为 13.72m、宽 7.62m、高 6.1m。壁球场地由墙壁系统和地板系统组成。

（1）墙壁系统。壁球场地的门一般都开在后墙中央，高度与后墙齐平。面墙上有 3 条水平线，从上往下分别叫上界线、发球线、下界线。根据壁球比赛的规则，球必须击打在上界线以下、下界线以上的墙面，球触到下界线或出界线就算出界。因为球的速度很快，为了能更清楚地判断是否触到线上，通常把出界线做成凹型的，下界线做成凸型并带有斜坡，这样球一旦触到线就会马上改变方向。壁球场地的后墙一般是用强化玻璃做的，厚度是 0.012m，门的宽度不超过 0.914m。

（2）地板系统。壁球场地的地板对角线的长度是 11.665m。距离后墙

4.26m 横穿过球场的一条线被称为"短线"，其后沿距前墙 5.49m。在中间有一条线叫"半场线"，它连接短线与后墙的中点。短线与半场线交界的区域叫"T"区。由短线与半场线分割成的在场地后部的两个大长方形的区域叫"后 1/4 区"。在短线的两端，各有一个正方形的格子，叫"发球区"，其内侧边长为 1.6m。场地内（包括墙上）所有标志线的宽度都是 0.05m。

2．壁球器材

（1）壁球。壁球按飞行速度的快慢可分为蓝点（快速）、红点（中速）、白点（慢速）和黄点（超慢速）四种类型。壁球内填充有惰性气体，当壁球被打击的时候，气体因摩擦受热膨胀，使其飞行速度加快。

（2）壁球拍。壁球的球拍类似网球的球拍，但尺寸要比网球拍小。球拍的框架通常用石墨合成物制成，其材料和着色应满足球拍触墙后不留痕迹的要求。

（三）壁球场地设施的经营管理

壁球运动在世界上有近百年的发展历史，而在我国开展得相对较晚。总的来说，壁球项目在我国的普及程度并不是很高，原因如下：

（1）壁球受场地、建造条件的制约，在北京、上海、广州等地，它是以星级宾馆健身或俱乐部形式出现的，大部分只对住店的客人和私人俱乐部会员开放，收费也较高，星级的场所和费用，使老百姓难于普遍参与。

（2）在众多体育项目中，新闻媒体对壁球的关注还不够，宣传力度还不强，由此，老百姓对壁球知之甚少。要改变这一现状，需要政府有关部门与社会力量的共同努力。

在政府层面，实际上对于壁球项目的推广工作已经列入国家体育总局小球运动管理中心的议事日程。例如， 近期已在北京等地举办了全国壁球培训班，以期培养壁球运动员、教练员、裁判员，并通过讲解世界壁球运动的发展状况、比赛规则，抓紧培养和选拔我国的壁球人才；还要举行全国壁球公开赛，目的在于让更多的人了解此项运动，提高人们对壁球的认识和参与的热情。

由于起步较晚，无论从竞技水平还是普及程度上，我国要追赶英国、加拿大等世界壁球强国，还会有一个较长的过程。但是，壁球毕竟是一项有独特健身效果和娱乐魅力的项目。

因此，随着我国都市文化、体育生活质量的不断提高，一定会有更多的人从追求健康出发，希望参与到打壁球这项娱乐运动中来。此外，最近几年外国投资者对这个项目在中国的投资兴趣增加，国内有志经营壁球运动的人也在增加。因此，要想搞好壁球场地设施的经营管理首先应从培育行业市场着手。只有使壁球为更多人熟悉了解之后，才能推动整个行业的发展。

第三节　休闲体育活动管理内涵及流程策划

对休闲体育活动管理不仅需要在休闲体育活动的自身发展中边积累、边规范、边完善、边创新，更需要从理论的角度对其做系统的透视，以推进休闲体育活动管理永葆生机和活力。

一、休闲体育活动及其管理的内涵

休闲体育活动管理是指休闲体育活动的管理者，为保证休闲体育活动的正常进行，实现休闲体育活动的既定目标，而对休闲体育活动所进行的计划、组织、协调和控制等过程。其实质是对各种与开展休闲体育活动有关的要素和资源，如人、财、物等进行合理的计划、组织、协调与控制，以求充分利用这些资源的潜力，实现休闲体育活动总体目标。

活动项目具有五个特点：一是鲜明的目的性；二是受资源的约束性和范围的确定性；三是一次性；四是运作程序和项目程序相同；五是服务性。休闲体育活动符合这五个特点，因此，休闲体育活动管理是属于项目管理的范畴。

二、休闲体育活动策划的内涵及原则

策划就是策略、谋划，是为达到一定的目标，在调查、分析有关材料的基础上，遵循一定的程序，对未来某项工作或事件事先进行系统、全面地构思、谋划，制订和选择合理可行的执行方案，并根据目标要求和环境变化对方案进行修改、调整的一种创造性的社会活动过程，包含思考技术（也就是策划方法）与思考结果（也就是策划方案）。休闲体育活动策划就是以一定的资源条件和社会需要为基础，以娱乐身心和丰富业余生活为目的，对休闲体育活动的主题、内容、形式进行事先分析研究，并做出谋划和决策的一个理性的思维过程，它包括三层含义：首先，它是一种思维方

式，是一种运用脑力的理性行为，是为达成目标而先发设想及创造的思维过程，其精妙之处在于不同思维方式的运用，其本质是思维科学，新颖性与创造性是策划的精髓，具有创意的策划，才是真正的策划。其次，它是针对未来所做的当前决策。策划是计划的高级形式，策划关注的是未来的事物，是寻找问题、解决问题的过程。最后，它是实现战略的一种系统过程，是思维活动、研究活动和组织实施、反馈应变的系统工程。

休闲体育活动策划的原则主要有以下几点。

（一）参与性原则

参与性原则指休闲体育活动策划要以公众利益和兴趣为出发点。一方面要求休闲体育活动要与公众利益密切相关，让公众感到活动组织者对他们的尊重和关心，他们参与其中，能感觉到安全和愉悦。另一方面要求休闲体育活动以公众兴趣为出发点，考虑公众兴趣，吸引他们自觉自愿地参加或者密切关注活动。

（二）效益性原则

效益性原则指休闲体育活动策划要坚持整体效益，力求效益最大化。首先，正确处理社会效益与经济效益的相互关系。休闲体育活动的策划不仅要着眼于经济效益，而且要注重社会效益，把获得良好的社会效益放在首位；其次，休闲体育活动方案的策划与组织实施要力求效益最大化，对每一笔开支、每一个项目、每一条措施、每一个环节都要仔细审查，反复比较，在成本投入上力求最少，在总体效果上则力求最大。

（三）目标性原则

目标性原则指休闲体育活动策划要有明确的目标，要合理促成目标的实现。休闲体育活动策划要确定一个清晰的目标，整个策划过程都要围绕这个目标展开，不能偏离更不能背离这个目标。倘若在策划过程中，对于达成策划方案的方法途径以及实施细则还不够明确，就可以暂停下来认真研究一下活动开展最终应达到的理想目标，就不会白费力气，事与愿违了。

（四）创意性原则

创意性原则指休闲体育活动策划要有创意，力求别出心裁，与众不同，这样才能在众多的活动策划中脱颖而出，吸引大众的注意力。因此，活动策划者要充分发挥想象力和创造力，在已有知识和经验的基础上，打破传统思维模式，跳出已有的框框，力求以新颖独特、不同凡响的活动目标、主题及方式等唤起大众的关注，以活动的"新、奇、特"吸引大众的目光。

（五）可行性原则

可行性原则指休闲体育活动策划要联系实际，具有可行性和现实意义。要使休闲体育活动策划具有可行性，就必须注意以下几个方面：

（1）使活动所需人员、经费、场地、设备等与组织机构所具备的条件相匹配。

（2）策划要兼顾计划性与灵活性，以便实施过程中可以随机应变。

（3）对活动时间、空间的把握，活动工作人员的调度，活动开展的具体形式、具体步骤等都要考虑周到，安排有序。

（六）宣传性原则

宣传性原则指休闲体育活动策划要善于借助新闻媒体的力量，扩大影响。充分利用传媒深入开展宣传是休闲体育活动策划的中心环节，将活动策划与新闻报道策划有机结合在一起，使两者形成有效互动，产生强大合力，从而取得良好的传播效应，扩大社会影响。

（七）科学性原则

科学性体现在三个方面，一是活动进行得是否顺利，需要科学的策划，考虑到各个方面；二是活动时间、地点、人物、事件都要准确无误；三是要合理利用当地的地理、气候等人文或自然优势来策划休闲体育活动。

三、休闲体育活动策划的步骤

（一）立项

把活动作为一个项目确定下来，这个活动要不要做?为什么做?一定要很清晰。

（二）组织调查研究

立项以后，就要对各方面情况展开深入细致的调查研究。调查是策划的基础，为策划提供客观可靠的依据。但是也不要盲目相信调研数据，一定要把数据和经验结合起来。一般来讲，调查研究至少要从以下三个方面着手：

（1）要对组织者自身的状况进行客观辩证的分析，明确本组织的优势所在，找出组织的劣势与问题，以便在活动策划组织过程中扬长避短，充分发挥自身优势。

（2）要对活动的目标群体进行分析研究，从某种意义上来讲，这是整个策划成败的关键。因为只有了解目标群体，把他们的利益摆在首位，才能设计出针对特定目标群体需求和深得他们喜爱的活动主题，才能保证围绕这一主题而展开的策划能得到特定目标群体的认可，也只有这样，才有望激起他们的积极响应，获得他们的支持，保证整个策划的成功实施。

（3）要广泛收集有关活动的各种资料，包括文字、图片以及录像等活动资料。国家关于体育活动方面的政策和法规、公众关注的热点、历史上同类个案的资讯、场地状况和时间的选择性，都是调查的内容。

（三）确定活动目标

目标就是在科学预测的基础上，通过活动的策划及策划的实施所期望达到的理想效果。目标是行动的指南，清楚而明确的目标设定是策划活动取得较好效果的前提，也是评价策划方案、评估实施结果的基本依据。策划休闲体育活动的最终目标不外乎健身娱乐；培养人们勇敢顽强、克服困难、超越自我的意志品质；培养人们竞争、团结、协作的社会意识；丰富个人和社会的文化生活，提高人们的生活质量；促进人们的沟通和交流；丰富企业的市场营销手段。但是，具体落实到不同的活动则又有不同的细化目标，如"××家园社区羽毛球赛"的目的一是吸引更多的人关注楼盘，扩大楼盘本身的知名度；二是吸引人气，树立楼盘本身的特有的形象，扩大楼盘本身的美誉度；三是营造健康向上的社区文化形象，增强消费受众的认知度和归属感。

"武汉大学体育文化节"的目的是丰富活跃校园文化生活，倡导时尚健康生活方式，促进武汉大学足球运动水平的提高，为广大同学搭建一个相互交流与学习的平台。具体目标的侧重点不同，策划实施起来也就有不同的要求，但始终需要坚持的一点就是，目标是行动的指南，所有的行动都是指向并一步步接近目标的，当行动达到目标时，策划也就成功了。策划的目标应明晰化、具体化，具有可操作性、可实现性，切勿含糊不清。如果目标过高，不切实际，就会事与愿违、无法实现；如果制定的目标太低，活动的开展就达不到预期的效果，也就失去了意义。

（四）设计活动主题

活动的主题是对活动内容的高度概括，它对整个活动起着指导作用。一个好的主题不仅能形象、生动地概括活动的主体思想，使整个活动的主旨、格调、气氛和境界都得到升华，而且能引起广大公众的共鸣，产生较强的感染力和吸引力。休闲体育活动主题的表现方式是多种多样的，它可以是一个口号，也可以是一句陈述或一个表白。如"武汉大学体育文化节"的活动理念是"自由我舞台，青春更精彩"。又如"全球通送健康登山比赛"的活动理念是"全球通尊贵享受，健康生活新主张，快乐全球通，健康我做主；走进大自然，享受新生活"。主题的策划可从以下几方面思考：

（1）借时代主题来创造活动主题。每一个时代都有它的主题，这种主题容易成为公众关注的焦点。如"健康第一"的主题，反映了现代人的共同愿望，自然会得到众人的关注。

（2）借组织中心工作拟定主题。这种主题容易取得组织的重视和支持，也能在活动中取得各方的共鸣，同时可以增加组织的凝聚力，产生强大的吸引力。如某公司以"为健康，让我们跑起来"为主题举办健康跑活动，这一活动便符合该公司倡导的健康生活观念。

（3）借创意来确定主题。这种主题具有时尚性、新奇性、刺激性、挑战性，符合现代人心理特点，能激发人们的参与欲望和兴趣。如中国联通以"动感地带"为主题举办的大学生篮球赛，在全国引起了广大学生的热情参与。策划活动的主题一般需考虑三个因素：其一，活动目标，即策划活动的主题必须充分表现活动目标；其二，策划的主题要独特新颖，有鲜明的个性，突出本次活动的特色；其三，策划活动的主题要适应大众心理需要，主题要形象，语句能打动人心，具有强烈的感召力。

（五）拟定策划方案

方案设计与创意是休闲体育活动策划的核心阶段，是围绕如何实现目标而展开的寻找、设计具体行动的手段、途径和方法。方案的设计是寻找解决问题的途径，而创意则是对最佳途径进行再优化，使这条途径能激发人的兴趣与动因，引起人的冲动与欲望，调动一切因素为实现目标而努力奋斗。一般认为，在组织活动前，必须准备回答五个问题，即为什么、为谁、什么时候、在什么地方、是什么。以上五个问题，虽然基本上可以回答出休闲体育活动的细节部署和规划，但是尚未解决怎样进行休闲体育活动设计的实质性操作问题，需要做进一步的分析研究。在活动策划方案设计与创意过程中，需考虑活动的内容、对象与层次、规模与范围、场所布局、时间安排、文化内涵以及投入的人力、物力、财力等，这就形成了策划的大体思路和基本构架，这一部分是较为具体的内容，策划时应全方位地审视影响活动开展的每一个要素，并结合实际情况策划具体的工作步骤，确定在某一个时间段要完成哪些工作，负责人是谁，进行效果预测、经费预测等。特别值得重视的是具体操作中基本战略的确定与运用，也就是采用什么样的方式和方法。策划方案具体内容包括策划方案的主导思想、活动的主要项目、实施的手段和方法、具体时间安排、经费预算、人员组成及分工等。设计方案时要求总体设计规范化，局部设计多样化，并对数套方案进行认真的论证和比较，取长补短，形成更具有可行性、创造性、符合最大效益原则的休闲体育活动策划活动实施方案。

四、休闲体育活动策划的方法

（一）比较分析法

对于策划者来说，通过对自己掌握或熟悉的某个或多个休闲体育活动进行纵向分析或横向比较，既可以是典型的成功案例，也可以是不成功的休闲体育活动，从中挖掘和发现新的机会。因为休闲体育活动的成败与得失都是相比较而言的，有比较才有鉴别，有比较才能发现各自的优点，取长补短，才能相得益彰，使休闲体育活动的策划趋于完善。

（二）头脑风暴法

在休闲体育活动策划中使用头脑风暴法是让与休闲体育活动有关的人员敞开思想，共同讨论，使各种设想在相互碰撞中激起脑海的创造性风暴。休闲体育活动策划采用这种方法时一般以 8 至 12 人为宜，也可略有增加至 5 到 15 人。讨论时有两个要求，一是讨论者应该畅所欲言，自由表达自己的想法；二是大量的想法中必定包含有价值的内容，应该进行归纳和总结，综合评价。要注意的是不许提任何恶意而离谱的想法，不许对他人的想法提出批评，鼓励多提有关活动策划的设想和灵感创意。

（三）灵感创新法

创新是策划的生命，也是创意、创造的源泉。不断创新是休闲体育活动常办常新的关键，是休闲体育活动吸引力和魅力所在，灵感创新法主要是利用发散性思维或逆向思维，对信息进行定向的融合从而产生新的想法。在休闲体育活动策划中，大量创新成果均是在灵感的火花中诞生的。策划人员只有发挥想象力，激发灵感，才能有所创新，从而制订出切实可行的休闲体育活动方案。

（四）运筹学方法

"运筹"的中文解释是运算筹划、以策略取胜的意思。进行休闲体育活动策划时，我们要借助运筹学的方法来关注并提高休闲体育活动的质量和效率。在休闲体育活动策划中使用运筹学就是要使用定量、定性分析的科学方法，在内外环境的约束条件下，为了达到策划的目标，合理配置整个活动中的人力、物力、财力等资源，统筹兼顾所有各个环节之间的关系，以便使策划方案有效实施，达到效益最优化，并体现休闲体育活动可持续发展的长效性。

第四节　休闲体育活动的组织与效果评估

休闲体育活动组织工作是遵循休闲体育活动的规律，通过对活动项目、时间、人员、经费等条件的合理安排，以达到完成活动目的的过程。休闲体育活动组织工作一般分为活动前的准备工作、活动进行中的工作和活动结束的工作。体育活动组织的成功与否将直接关系到活动能否顺利进行与能否达到举办活动的目的。

一、休闲体育活动的组织

（一）休闲体育活动组织工作目标

组织休闲体育活动是以体育项目为内容，用身体活动及娱乐的方式，从而达到愉悦身心，增强体质的目的。因此，活动组织者为了完成活动的任务，其工作目标主要有以下几点。

（1）以公开、公平、公正的原则制定并执行活动规程、活动规则，保障参加者和主办者的权益。

（2）提供安全、完备、性能良好的场馆、设备等活动环境，保证参加者的安全和活动顺利进行。

（3）进行科学合理的活动编排，为活动工作提供良好的服务，既要保证活动的质量，又要提高活动的观赏性。

（二）休闲体育活动项目的选择

我们日常开展的体育运动项目大多可以作为休闲体育活动项目。我们在组织休闲体育活动，选择项目时要注意符合以下条件：

（1）要遵循"安全性、可行性、趣味性"原则，以人为本。

（2）有完整的活动规则和裁判法。

（3）拥有一定数量的参加者以及教练员、裁判员和管理人员队伍。

（4）活动经费（包括自筹经费）要能保证比赛的正常举办。

（5）是健康文明的、不含迷信色彩和有悖人道的体育项目。

二、休闲体育活动的效果评估

（一）休闲体育活动评估的概念及意义

评估是指专业机构和人员，按照国家法律、法规和评估准则，根据特定目的，遵循评估原则，依照相关程序，选择适当的价值类型，运用科学方法，对某一项目进行分析、估算并发表专业意见的行为和过程，大致分为技术评估、资产评估、纳税评估、资信评估、心理评估、项目评估、风险评估、本科教学评估等几大类。

休闲体育活动评估是指针对休闲体育活动，从活动的筹备、实施、运作等等几方面进行的系统的、科学的、客观的分析与评价，从而判断该活动的价值与影响，总结活动经验，汲取活动教训，为活动的主办方、承办方及参与者提供借鉴，从而进一步促进休闲体育活动的开展，属于项目评估的一种。

开展休闲体育活动评估工作具有重要的意义：首先，它是深入贯彻我国《体育法》以及《全民健身计划纲要》相关精神，全面推进我国社会体育事业发展的重要举措。其次，它将为我国社会体育工作的规范化、标准化及科学化进程创造重要的理论基准和技术支持，是多种多样的休闲体育活动走向良性可持续发展的必经之路。再次，为我国体育事业及其他工作的规范化、标准化及科学化进程提供有力的研究基础。开展休闲体育活动评估工作可为未来的休闲体育活动开展提出科学的依据和参考，从而进一步促进休闲体育活动在我国的大力开展。

（二）休闲体育活动评估的原则

1. 目的性原则

目的性原则体现在评估的总目的和分目的。休闲体育活动评估的总目的是认识和了解休闲体育活动对社会发展和个人进步的贡献和影响，以此来促进体育的发展；子目的是在休闲体育活动的全过程中，确定每一个单项评估指标时，都应考虑此项指标在整个指标体系中的地位和作用，依据它所反映的某一特定研究对象的性质和特征，确定该指标的名称、含义和适用范围。

2. 科学性原则

休闲体育活动评估必须具有可信度与可靠性。这种特点要求，实际规定了休闲体育活动评估必须建立在科学的基础上，要有充分的科学依据、科学态度与科学方法。要使休闲体育活动评估真正具备比较充分的科学性，其根本与核心是要根据休闲体育活动自身的规律把握休闲体育活动。具体来说，任何评估，在建立评估体系时，都要有相应的理论上的依据；每个评估指标也要有相对独立的、准确的科学含义。在确定各项指标的评估标准时，既要考虑到指标本身的科学内涵，又要考虑到要科学实用、切合实际。

3. 可操作性原则

可操作性原则是指在制定休闲体育活动评估指标体系时力求做到指标的各项内涵明确、简明，重点突出，有较好的可测性；坚持定性与定量相结合，指标要便于分解、监控、考核和评价，明确具体，简便易行。

三、休闲体育活动评估的内容

（一）过程评估

休闲体育活动过程评估是指对休闲体育活动筹备工作的评估包括：

1. 休闲体育活动计划评估

休闲体育活动计划也称实施计划，是为了休闲体育活动项目最终实现而制订的实施方案，要说明以什么方法组织实施活动，需要做什么样的工作，如何利用各方面资源达到最佳效果等。休闲体育活动计划评估就是对该计划方案各方面设计的评估。

休闲体育活动计划评估是指根据休闲体育活动目的对休闲体育活动方式的选择进行分析与衡量，从而得知休闲体育活动方式选择的正确性与可操作性，休闲体育活动方式的选择大致可以分为以下几种：

第一，满足爱好型。每个人都有自己特殊的兴趣爱好，在日常的工作、生活和学习中，不能充分得到满足；利用休闲时间，可以参加一些自己所喜欢的活动，如打球、下棋、欣赏音乐等，以满足个人在文娱、体育等方面的特殊兴趣爱好。

第二，增长知识型。利用休闲时间及时得到人们认为最为重要、最新鲜、最感兴趣的知识。于是，阅读课外书报杂志，收听广播，收看电视节目，或上网、参观、旅游，成为人们开阔眼界、增长知识、接触和了解社会生活的重要途径。

第三，发展特长型。个体在某方面有独特的兴趣，并且具有一些独特的先天素质和生活环境，希望能在某个方面或某些方面能有长足的发展，掌握一些特殊的技能技巧。他们可以根据自己的条件，练习书法、绘画、音乐、舞蹈，进行体育锻炼等等。

第四，娱乐消遣型。有些活动，并没有特定的目的，纯粹就是为了休息，如逛动物园，到游乐场活动，听听音乐，看看电影电视、文艺节目，打扑克，玩电子游戏，谈笑风生，逛大街、商场，走亲访友等等。

休闲体育活动方式评估就要从以上四个方面展开，根据每个个体不同的年龄特征、性格特征以及休闲体育活动的目的进行选择。

2. 休闲体育活动经费预算计划评估

休闲体育活动经费预算计划评估是指对于休闲体育活动实施过程中的各项费用预算计划的衡量与设定。休闲体育活动经费预算计划评估办法要根据不同的休闲体育活动来制定，通常都分为计划经费评估、实际经费评估、参与者消费满意度评估三个部分。

3. 休闲体育活动应急方案评估

休闲体育活动应急方案评估是很多活动的组织者最容易忽略的地方，一方面是因为活动过程中出现的突发事件不太容易让人把握，应急计划不知该从何入手；另一方面也在于大多数活动组织者对活动的风险管理没有一个清晰的认识，在意识里还没有风险管理的概念。但是休闲体育活动特别是较大规模的活动一般都具有筹备时间长、参与人员多等特点，在这个过程中难以保证每个人都不出问题、每件事情都进展顺利。所以，对休闲体育活动应急方案的评估应当成为今后休闲体育活动评估的重点研究课题。

4. 休闲体育活动组织者协调能力评估

组织协调能力评估是指对休闲体育活动组织者根据工作任务，对资源进行分配，同时控制、激励和协调群体活动过程，使之相互融合，从而实现组织目标的能力进行评估。一般认为组织协调能力评估主要包括以下几个方面：组织能力评估；授权能力评估；冲突处理能力评估；激励下属能力评估。

（二）效果评估

休闲体育活动效果评估是指休闲体育活动对参与者及社会的影响力的评估。具体包括以下内容：

1. 对参与者的影响力评估

休闲体育活动对参与者的影响力评估是指通过对休闲体育活动参与者的现场访谈或者问卷调查等方法，确认活动的参与者对该活动的评价与判断，具体指标设定范围如下。

（1）参与休闲体育活动的满意度评估，可以分为非常满意、一般满意、比较满意、不满意等。

（2）参与休闲体育活动的舒适度评估，可以分为非常舒适、一般舒适、比较舒适、不舒适等。

（3）参与休闲体育活动的欣悦度评估，可以分为非常欣悦、一般欣悦、比较欣悦、不欣悦等。

2. 对社会的影响力评估

休闲体育活动对社会的影响力评估主要体现在以下两个层面：

（1）对社会文化影响力的评估。休闲体育活动对社会文化影响力的评估是指对休闲体育活动在整合社会文化的过程中优化社会文化环境和生活方式程度的评价与判断。具体指标设定范围如下：

第一，社会文化环境影响力评估，如休闲体育活动对城市硬件建设和软件建设的影响力、对城市文化影响力等。

第二，个体生活方式影响力评估，如休闲体育活动对个人生理健康影响力、对个人心理健康影响力、对个人闲暇时间安排影响力等。

（2）对社会经济影响力的评估。休闲体育活动对社会经济的影响力评估主要分析该活动对所在地区、参与者所属行业等所产生的经济方面的影响，是对休闲体育活动在社会经济方面有形或者无形的效益和结果的一种分析。具体指标设定范围如下：

第一，有形效益评估，如营利型休闲体育活动所产生的经济效益、因参与休闲体育活动而带动体育产业发展所产生的间接经济效益等。

第二，无形效益评估，如影响休闲体育活动主办方及参与人员消费心理等。

第六章　休闲体育的经营与流程设计

休闲体育企业设置的休闲体育项目能否满足客人的要求，直接关系到企业或休闲体育中心的经营效果。因此，休闲体育经营项目的选择与确定，是休闲体育经营与管理的重要课题，只有选择最佳的经营项目，才有可能带来最优经济效益。同时，任何休闲体育企业有了良好的休闲体育经营项目，如果服务流程复杂，不便于客人消费，也会影响经营效果。

第一节　休闲体育经营的可行性分析

休闲体育企业经营成功与否，取决于相互关联的诸多因素，如果其中的某些主要因素不具备或不完全具备，而且通过努力也不能达到预期的理想水平，那么，这个休闲体育企业或酒店的休闲体育中心就不可能取得良好的、预期的经济效益。休闲体育经营的可行性分析，就是要全面系统、科学合理地准确分析制约经营的各种主要因素，扬长避短，发挥优势，以提高投资决策的水平和投资成功的可能性。

一、可行性分析的内涵及目的

可行性分析是关于市场、资金和业务方面的全部分析。可行性研究是对是否值得投资建造一家休闲体育企业或在酒店中所要设立的休闲体育项目做出决定。也可以说，可行性研究就是对投资成功的前景做定量分析。

任何投资者在选择一个方案前，都需要有足够的证据来证明这个方案确实可行并能很快收回投资。

由此可见，可行性分析也就是对大量的相关信息和数据资料，运用科学的定性和定量分析方法来推断待选方案的可行性。

休闲体育经营可行性分析的目的主要有以下几点：

（1）确定目标市场。

（2）选择经济可行的地点。

（3）确定休闲体育企业的类型。

（4）确定休闲体育经营项目。

（5）估算休闲体育经营销售收入。

（6）选择开业的日期和时间。

二、休闲体育经营可行性分析的主要内容

（1）该地区的经济因素。

（2）该地区的休闲体育市场竞争分析。

（3）拟建设施与项目。

（4）销售收入预测。

（5）地点位置。

（6）交通情况。

（7）地点的明显度。

（8）法律法规制度情况。

（9）公用设施情况。

三、休闲体育经营可行性分析的必要性

科学、准确的可行性分析，是休闲体育企业或酒店休闲体育中心经营成功的前提条件。如果忽视可行性分析，或者不能科学地、实事求是地进行可行性分析，那么，都将导致经营的失败。可行性研究有助于确定经营方式。如设置哪些服务项目，采用何种服务形式来确定价格标准和经营规模。可行性研究有助于资金的筹措。可行性研究能够表明企业的利润水平和偿债能力，较高的利润率和偿债能力有利于增强资金筹措能力。

也许有人会说，有些经营得非常成功的休闲体育企业似乎开始时并未进行必要的可行性研究。有些颇有胆识的人似乎只凭自己的直觉，便断然决定在某地投资建立一家休闲体育企业，而且其经营也是比较成功的。我们可以肯定，尽管这位智慧的投资者没有写出正式的可行性报告，他所依赖的也绝不仅仅是他的直觉。一般来说，在下决心之前，总要对形势做一番估计，也就是说，体育经营者必然要凭借自己的知识和经验，主观地非正式地对各种相关因素进行分析，对投资成功的可能性做出估计，才会做出投资决定。

事实证明，凡是没有经过可行性研究便开始经营的企业，其失败率是相当高的。失败表现在或者经营不善，或者投资过大，给经营造成很大压力。所以必须进行可行性的研究。

第二节 休闲体育企业的收益成本核算

一、营业量与销售额分析

做好休闲体育投资效益分析，其中难度最大的部分就是营业量与销售额的分析，因为其中包含着设施设备利用率这个不定因素。如果能将营业量与销售额分析得合理，接近实际情况，那么就可以做出准确的投资报告分析，为投资决策提供参考。营业量与销售额分析，首先要把握如下几个项目：

（一）营业项目

这是指本企业可为客人提供哪些设施和服务项目。也就是说，本企业有哪些收入来源渠道。例如，某休闲体育企业经营范围以保龄球项目为主，附设桑拿、电子激光枪、酒吧、屋顶休闲式快餐等服务项目，那么这个企业的收入来源渠道就是这些项目。

（二）营业项目的接待能力

这是指各个营业项目所占有面积的大小，拥有设备的数量和质量以及服务的效率，即每个营业项目同时最多可接待多少人次。如上例中保龄球项目，球厅占地面积 $1500m^2$，20 个世界一流球道设施，平均每条球道最多同时接待 30 人，则每天最多可同时接待人数为：

球道数×每条球道平均最多同时接待人数=20×30=600（人）。

（三）项目使用率

这是估计每个服务项目的营业时间，营业高峰期平均消费时间以及项目每天使用次数。

（四）个人消费价格

这是每位客人每次使用某个服务项目平均消费额或每位客人每次来本企业使用各个服务项目的消费总额。如客人打一次高尔夫球消费额为：打一局高尔夫球 80 元，或打一小时 260 元，客人平均每次打三局，则人均消费 240 元，或每次打一小时，则人均消费额为 260 元。

了解了以上各项目之后，就可以根据企业初步确定的营业项目做营业量和销售额分析。下面以表格形式举例说明分析方法，如表 6-1 所示。

表 6-1　营业量与销售额分析

营业项目	接待能力	人均消费额（元）	预计正常使用率	正常接待人数	正常营业收入	最大接待率	最大接待人数	最大营业收入（万元）
保龄球	80	37.5	400%	320	1.2	1200%	960	3.6
桑拿浴	20	58	300%	60	0.348	600%	120	0.696
电子游戏	40	28	600%	240	0.672	1800%	720	2.016
酒吧	50	20	160%	80	0.16	280%	14	0.28
屋顶休闲快餐	300	20	200%	600	1.2	600%	1800	3.60
合计	490	163.5		1300	3.58		3614	10.192

以此表格方法计算出企业可同时一次接待 490 人，正常每天接待 1300人，每日正常营业额为 3.58 万元，最大收入可达 10.192 万元。企业也可以对每日客人数与人均总消费额进行粗略的销售分析。如每天接待客人的数量为 1300 人，人均消费额为 80 元，则每日营业额为：80×1300=10.4 万元

根据上表的数据与项目，又可以估算出每月销售额，见表 6-2。

表 6-2　每月销售

单位：万元

营业项目	正常使用天数	每日正常收入	正常销售额	最大使用天数	最大日销售额	最大使用率	合计
保龄球	20	1.2	24	8	3.6	28.8%	52.8
桑拿	16	0.348	5.56	12	0.696	8.352%	13.92
激光电子游戏	20	0.672	13.4	8	2.016	16.128%	29.568
酒吧	20	0.16	3.2	8	0.28	2.24%	5.44
屋顶休闲快餐	24	1.2	28.8	4	3.6	14.4%	43.2
合计		3.58	74.96		10.192	69.92%	144.928

从此表分析可以看出本企业每月营业收入可达 144.928 万元。

二、营业成本与费用分析

休闲体育项目营业销售额确定后，需对成本进行合理分析，得出投资收益的多少，从而决定投资与否。这里所说的成本和费用是指预计企业在

开业进入正常运转后发生的各项营业支出。从投资收益的角度，把营业费用分成两大类。

（一）固定营业费用

这是指休闲体育企业在一定时期内所发生的固定不变的营业费用额，它包括以下几项：

1．工资与福利

休闲体育企业每天每月都要有员工工作，企业就要支付员工工资并设有适当福利项目，如基础工资、保险金、医疗费、工作餐费等。

2．管理费

企业开业前后都要有管理工作，相应产生管理费用。管理费用是指企业管理部门为组织和管理企业经营活动而发生的各种费用，包括企业行政管理部门在企业管理中发生的，或者应由企业统一负担的公共经费（指行政管理部门人员工资、福利费、工作餐费、服装费、办公费、差旅费、会议费、物料消耗、低值易耗品摊销、燃料费、水电费、折旧费、修理费及其他行政经费等）、工会经费、职工教育经费、劳动保险费、待业保险费、外事费、租赁费、咨询费、审计费、诉讼费、排污费、绿化费、土地使用费、土地损失补偿费、技术转让费、研究开发费、聘请注册会计师和律师费、应从成本中列支的房产税、车船使用税、土地使用税、印花税、燃料费、水电费、折旧费、修理费、无形资产摊销、低值易耗品摊销、开办摊销、交际应酬费、坏账损失、存货盘亏和毁损、上级管理费以及其他管理费用等。

3．财务费用

财务费用是用于核算企业为筹集经营所需资金而发生的费用。财务费用是指企业经营过程中发生的一般财务费用，包括利息支出、汇兑损失、金融机构手续费等。

（二）变动成本费用

变动成本费用的共同特点就是它们每月的发生额的多少与企业完成的接待量、取得的收入有直接关系。完成的接待量大、取得的营业收入多，这些成本费用的发生额就大；完成的接待量小、取得的营业收入少，这些成本费用的发生额就少。

变动成本费用包括饮食成本，燃料、材料、物料用品的费用，水电费、奖金、办公费、广告宣传费、修理费。这些项目在营业额中都占有一定的比例。

任何休闲体育企业都附设餐饮服务项目，所以就有餐饮成本，餐饮成本可以独立核算，也可以作为整体成本费用的一部分，但最高不超过 20%。

工资奖金和员工福利是企业在营业额达到一定程度时提取一定比例的奖金作为营业绩效的鼓励加在职工基础工资上。

广告宣传费用是休闲体育企业必须发生的费用，而且是直接影响营业额的费用。休闲体育企业广告宣传费比较高，一般在 5%左右。

管理费：休闲体育企业营业额与管理费有直接关系，如加强员工培训，调动职工积极性，增加管理人员工资都会对营业额产生影响。

水电费和燃料费：休闲体育企业许多服务项目设施需要消耗大量的水电、燃料，所以，营业额增加，水电费必然增加。

修理费：休闲体育企业属设施设备技术密集型企业，营业额增加的同时，设备环境必然需要维护和修理，所以，产生相应的修理费用。

物料用品消耗费用：休闲体育企业提供的服务项目在借助一定设备设施的同时，需要消耗物料用品，如各种布草、单据、卫生用品等。

三、投资收益分析

投资者最关心的莫过于投资收益多少，这里投资收益包括多长时间收回投资，收回投资后的盈利有多少。当然投资收益还要考虑最保守的情况，即保本情况。所以，以下我们分保本经营状况、正常经营状况、最佳经营状况来分析投资收益：

（一）保本经营状况

这就是企业在某一时期的营业额扣除各项费用包括可变费用和不变费用，没有盈利。根据变动费用比例表我们知道，各项比例占整个营业额的 46%，则固定成本占营业额的 54%。假如某企业固定费用为 45 万元，则保本经营额为 45÷54%=83.3 万元。如果企业总是如此经营状况，企业投资收益为零，投资收回期为无限期。

（二）正常经营状况

营业额-各项变动费用-固定费用=投资收益额

假如休闲体育企业在正常经营情况下月营业收入为 250 万元（以上例为例），月投资收益应该是：

$$250×（1-46\%）-45=90（万元）$$

假如企业总投资为 1800 万元，投资收回期为：

$$1800÷90=20（月）$$

即本企业如果在正常营业的情况下，两年内即可收回全部投资。

（三）最佳经营状况

如果经营状况处于最佳状态，月营业收入为 575 万元，则投资效益为：

$$575×（1-46\%）-45=265.5（万元）$$

投资收回期为：

$$1800÷265.5≈7（月）$$

即如果企业处于最佳营业状态，则约 7 个月即可收回总投资。

第三节　休闲体育经营项目的确定及价格制定

现代休闲体育企业或酒店休闲体育中心选择和确定休闲体育项目是开展一切工作的基础，只有大体选定经营项目才能有针对性地进行市场调查，做投资可行性分析，然后确定经营项目和价格。

一、休闲体育经营项目的确定

能否确定好休闲体育项目是投资成功与否的关键因素。合时宜的符合本地市场需求的休闲体育项目会及时收回投资，然后扩大经营项目，在市场竞争中处于主动地位，反之一个过时或超前的、不符合本地区本酒店顾客需求的经营项目会造成投资难以收回，给企业经营工作带来困难。

（一）确定经营项目的指导原则

现代休闲体育项目种类繁多，市场竞争激烈，确定经营项目既有风险又有难度，要遵循一定的原则，才能恰当地确定合理的项目。

1. 满足客人合理需求的原则

（1）满足基本需求原则。

本企业或酒店休闲体育中心选定经营项目要满足客人的身心需求，即所确定项目受到客人欢迎。

（2）满足层次需求原则。

本企业或酒店休闲体育中心选定项目的价格、文化层次要能让本地区或本酒店的客人接受。

（3）满足综合需求本原则。

本企业或酒店休闲体育中心选择的项目要同时满足客人多种需求，如水上乐园除满足客人戏水需求外，还要提供适当的餐饮项目来满足顾客的餐饮需求。

2．追求经营特色的原则

休闲体育企业或酒店休闲体育中心确定的项目要在本地区有独特风格，以吸引客人，增强竞争能力。如设立一项或几项独特的休闲体育项目，兼营其他企业已有的项目，显示出本企业或中心的优势和吸引力。

3．全方位服务原则

休闲体育企业或酒店休闲体育中心在确定基本经营项目的基础上，增加一些体现服务特色的项目，如陪打服务。陪打服务的服务人员对陪打的活动要有较娴熟的技艺，而且要根据被服务对象的要求和心理特征，采取不同的方法。既不能只输不赢，让宾客无味；也不能只赢不输，让宾客无趣，脸上无光，精神不快。一般要掌握火候，多输少赢，以增强宾客的兴趣，使其达到最佳的活动效果。

4．发挥本企业或中心优势原则

任何企业都有自己的优势，有的体现在规模大上，有的体现在项目多与全上，有的收费低廉，有的服务细致周到，有的利用占地面积优势，有的体现设备现代化优势。休闲体育企业在考虑前两项原则的同时，必须发挥自己的优势，取长补短；不能仅仅追随潮流。

5．适应社会发展趋势的原则

现代休闲体育企业或酒店休闲体育中心在选择一个项目时，要考虑这个项目是不是新兴的，还是将要兴起的，或者正在时兴的，然后再决定是否选择。如果是新兴的，经营效果会好，会很快收回投资；如果是将要兴起的，需要一段开拓市场的时间，前景非常广阔，长期利润会很可观；如果是正在时兴的，当你的项目开业时，市场已经饱和，其收回投资很不利。

所以，一定要考虑项目的发展趋势。

6. 坚持社会效益与经济效益相结合的原则

选择休闲体育项目时，还要看这个项目对社会创造的影响如何，看其是否丰富人们的文化生活，是否有利于人们的身心健康，是否为社会为本地区带来良好的社会风气。然后，再考虑经济效益。没有良好的社会效益就不可能有长远的经济效益；没有经济效益，社会效益也就很难体现出来。所以，现代休闲体育企业或酒店休闲体育中心在选择休闲体育项目时，必须坚持社会效益与经济效益相结合的原则。

（二）确定经营项目的方法与程序

1. 了解本地区消费潜力

（1）收入水平。本地区或本酒店客人的年均或人均收入额。如本地区月人均收入 2000 元以上，基本生活消费费用为 800 元。那么，这个地区在收入水平上存在着很大的休闲体育消费潜力。

（2）消费水平。本地区或本酒店客人的人均消费额。如住在本酒店的客人以华侨为主，他们从国外回国，总人均费用每天为 1000 元，则消费水平每天为 1000 元。再如，本地区人均日消费为 400 元的就有 10 万人。那么，本地区具有较高消费水平的潜力就是 10 万人。

值得一提的是，消费水平与收入水平不一定成正比，有些人收入水平不高，但消费水平很高；有些人收入水平很高，但消费水平不高。这里面有消费观念、消费时间或其他原因。

（3）消费观念。这是指人们对某个消费项目的看法，即认为在这个项目上花费金钱与时间是否值得。如一些人对高尔夫球、网球、保龄球感兴趣，而一些人则对戏水、健身等感兴趣。

（4）消费时间。这是指人们消费某一项目应具备的合理时间。有的人以上三项都具备，但没有时间去消费。现在我国实行了双休日，为休闲体育消费提供了消费时间，休闲体育经营者要充分把握这一点，开发适宜的休闲体育项目。

总之，在确定经营项目的第一步，要从以上四项去分析研究客人的消费潜力。

2. 了解分析本企业的优势

本企业的优势体现在资源优势、资金优势、人力资源优势三个方面。

（1）资源优势。本企业具有的硬件优势，如土地面积、水资源、山地资源等。

（2）资金优势。本企业拥有足够的资金投资建立某些高档独特的经营项目。如有足够的资金去购买最优越地理位置的土地，有足够资金去购买最新休闲体育设备设施等。

（3）人力资源优势。企业拥有一支智慧型的或能力型的人才，能靠智慧利用企业资源创造最大优势。如有的休闲体育企业由于在经营管理上运用独到的思维所创造的一些项目，既避免了本企业劣势，又突出了本企业的优势，投资最小，见效最大。

以上三种优势是互相依赖的，但最关键的还是人力资源优势，休闲体育企业应给予充分的重视。

3. 了解客人的需求导向

了解本地区或本酒店的客人对哪些休闲体育项目感兴趣，对各个项目的消费能力有多大。如本地区大众对戏水感兴趣，消费能力单项每人次为 30 元。有部分人则对健身运动感兴趣，每次消费为人均 50 元。一些外商包括港澳同胞对高尔夫球、保龄球等活动感兴趣，每次消费为人均 300 元。有些少年儿童对电子游戏感兴趣，每次每人消费 5～10 元。这种消费倾向的了解和消费潜力的测算，对选择和确定休闲体育企业或酒店休闲体育中心的经营项目具有十分重要的作用。

与此同时，最好还能掌握每个消费层次占整个地区人数的现有比例和发展比例，以便为经营项目的确定提供更精确的依据。

4. 了解市场占有率

这是在以上三项工作基础上，了解已开业或正在建设中的休闲体育企业与酒店休闲体育中心对各个消费群体的市场占有率。如本地区每年接待外商及宾客 50 万人次，人均停留 10 天以上，其中 60%的外商及宾客每周有打高尔夫球的习惯，已有的两个高尔夫球场接待能力为 15 万人，则还有 15 万人的市场潜力，则本企业可能有 50%的市场占有率，选定高尔夫球项目是可行的。

5. 选定主营项目

根据本企业优势和了解的市场占有率，将市场占有潜力最大的项目确定为主营项目。如以健身项目为主营项目，以消闲为主营项目，以娱乐项目为主营项目等。

6. 发挥综合优势

有的企业没有明显的主营项目，以大而全或小而全为特色确定经营项目，以发挥综合优势。

7. 确定配套项目

主营项目确定以后，设计安排相应的配套项目是必不可少的。在确定配套项目时，既要考虑为客人提供服务功能的完整性，又要考虑与主营项目的一致性。

（三）现代休闲体育企业经营实例

休闲体育企业或酒店休闲体育中心应根据本企业或中心的特征及市场确定自己的经营项：

1. 酒店休闲体育中心可考虑以下项目

酒店休闲体育中心是以完善酒店功能为目的，以本企业客人为主要市场的，其经营项目体现在小而全上。

（1）健身服务项目，提供各种体育活动场地和健身设备、游泳馆、乒乓球等。

（2）保健活动项目，举行保健、养生讲座，进行健美训练，提供体检服务，提供体育活动场地。

（3）美容服务项目，提供头发、指甲、皮肤等美容服务和服装、化妆、形体美等方面的咨询服务。

（4）按摩服务项目，提供各种按摩如水力按摩、人工按摩、机械按摩等。

（5）水疗服务项目，位于温泉附近的度假村旅馆常提供各种水疗服务。

（6）热疗服务项目，提供桑拿浴室、蒸气浴室等。

（7）医疗服务项目，提供包括心肺功能检查、血压检查、尿分析等医疗服务。

（8）文娱活动项目，主要有夜总会、迪斯科、音乐茶座、弹子房、弹子球游戏室、电子游戏室等。

2. 健体场所的服务项目

健体场所是以健体为主要目的的休闲体育场所，应以健体项目和具有明显健体效果的健体休闲项目为主。包括：

（1）健身项目，包括健身房、网球场、乒乓球室、游泳戏水馆等。

（2）健体消闲项目，包括桑拿浴室、蒸气浴室、日光浴室、按摩房等。

（3）配套项目，包括美容室、热水按摩浴池（40℃）、温水按摩浴池（35℃）、冰水浸身池（4℃）、健康氧吧、休息区等。

3. 以某项休闲体育项目为主的休闲体育机构服务项目

（1）休闲健体项目，主要应具备高尔夫球练习场、室内模拟高尔夫球场、保龄球、桑拿、按摩、台球等项目。

（2）健体项目，主要应具备网球场、健身室、室内游泳池、台球室、乒乓球室等项目。

（3）配套项目，主要应具备游戏室、卡拉 OK、酒吧、商店等项目。

二、现代休闲体育经营项目的价格制定

现代休闲体育经营项目价格的确定是休闲体育经营项目管理的一个重要环节。价格是否合理，往往影响着客源的层次和多少，也影响着企业在市场中的竞争力与地位。所以要认真研究经营项目价格制定的原则、参考因素及价格表现形式。

（一）休闲体育经营项目定价的原则

1. 以经营项目档次高低为基础定价原则

经营项目档次高低取决于以下几个方面：

（1）设备设施及环境投资额大小。

（2）服务设施与消耗品价值的大小。

（3）原材料价值的大小。

（4）劳动力价值的高低。

（5）利润率的高低。

如果设备投资额大，相应的服务设施、服务水平等投资都相对增加，体现在价格上就相对高。这样的相对高的价格也容易让客人理解和接受。

2. 以反映市场供求关系为导向的定价原则

经营项目的价格确定可依据市场对休闲体育项目的需求变化情况来制定。新兴的数量少的休闲体育项目体现出需求力旺盛，可适当制定较高的价格。随着设备的老化，其他企业同类休闲体育项目的开展，市场趋于饱和，可采取适当措施降低价格。

不同休闲体育项目具有明显的淡旺季，淡季可运用各种手段调低价格，旺季可提高价格。

当然，依据供求关系制定价格一定要注意企业形象，价格过高或过低都会对企业形象不利。

3．制定价格制度化原则

无论采取什么样的定价方法，都要将定价过程、方法尽量制度化。制度内容包括：制定价格的基本方法、参考方法；修改价格的周期；修改价格的原因；参与制定价格的人员。

只有坚持制度化的原则，才能保持稳中有活的科学合理的价格。

4．价格表现形式迎合客人心理的原则

一个良好的价格表现形式既能使客人满意，又能使企业获取最高利润。客人对价格的心理往往表现在：

（1）价格简单化：价格数字简单和收费次数少。

（2）价格稳定：在一定时期内，保持一个价格，不因小小经济波动而频繁调价。

（3）额外收益：让客人感受到一定的价格内消费了额外的服务。

（4）比较心理：客人对不同企业同样项目进行比较。

5．坚持物价政策的原则

国家对休闲体育项目规定价格范围，经营者应充分了解价格政策，并使本企业价格在规定价格范围内。

（二）休闲体育经营项目制定价格的参考因素

1．项目建筑投资额与目标收益率

（1）项目建筑投资额。它是指休闲体育企业或酒店休闲体育中心的建筑投资按面积划分，各个项目占用面积应分摊的总的投资额。如某酒店建筑投资 8000 万元，建筑面积 42 000m²，则建筑投资额为 1905 元/m²。其中休闲体育中心建筑面积为 1500m²，则休闲体育项目建筑投资 285.75 万元。

（2）目标收益率。它是指企业计划在一定时间内收回投资的比率。如某休闲体育企业计划 3 年收回投资。第一年收回全部投资的 50%，则该休闲体育企业第一年目标收益率为 50%。

（3）将投资额与收益率结合，计算出经营项目的基本价格。例如，某休闲体育企业经营面积 3500m²，投资额为 2100 万元，预计年目标收益率

为 100%，其中保龄球场占地 1500m²，20 个球道，预计每日设备使用为 16
小时，则保龄球基本价格为：基本价格－（建筑投资额÷总经营面积×目
标收益率×项目面积）÷[12×25（目标周期）×设备数量×每月接待量]
－（21 000 000÷3500×100%×1500）÷（12×25×20×16）=93.75（元），
即保龄球项目每小时基本价格为 93.75 元。

2. 客人消费能力

这是指本地区或本酒店客人对本项目接受能力，包括经济能力和心理承
受能力。如果客人已习惯于这个项目的高消费，就不必定低价格；如果本地
区大多数客人只是由于经济能力有限难以接受这个项目，在定价时就应考虑
大多数客人的消费能力。如有的休闲体育企业将其戏水大厅门票定价为 10
元，能为一般大众接受，在本地区深受欢迎。

3. 同类企业同类项目价格

在确定每个项目价格前，要充分了解同类企业同类经营项目的价格。
同时，要了解其他企业同类经营项目的设施、环境、服务及客人的反映等
情况，这才有利于制定合理的价格。

4. 产生心理影响的价格数字

（1）吉祥数字。8、18、58、78、88、98、158、178、598、918 等等。
带有"发""要发""我发""妻发""发发""就发""要我发""一起发""我
就发""就要发"等含义的往往容易让人接受。

（2）低价数字。某些数字看起来价格比较容易让人接受，某些数字看
起来价格就让人感觉很昂贵。如奇数要比偶数易让人接受，位数少的也容
易让人接受，如 9 元、数字复杂的、较长的就难以接受等等，其中有许多
学问，制定价格应该考虑到。

5. 组合价格与单项价格

组合价格是指几个经营项目或系列服务项目组合一起制定一个收费标
准。这种收费标准应给客人优惠价和免于麻烦的感觉或让人感觉其中有些
项目是免费的。如果没有这些感觉效果，就会让人难以接受，就应考虑单
项收费。如某 KTV 实行客人最低价消费 128 元，有些客人消费后感觉有些
贵，以至该 KTV 一段时间很少有人光顾。后来该 KTV 设立门票 28 元，最
低消费每人 100 元，虽然还是 128 元，但成本却大大降低，而且顾客的心
理也在一定程度上找到平衡，这个夜总会的生意也渐渐地好起来。

（三）休闲体育经营项目的定价方法

休闲体育经营项目的定价，就是在定价原则基础上考虑定价因素，结合具体经营项目采用不同的定价方法或综合各种定价方法进行定价。

1．随行就市法

这是最简单的定价方法。即将同类企业同类项目中比较合理、比较成功的价格为自己所用。

2．平均投资额+设备投资额定价方法

这是指将总投资额按目标收益率平均到每个经营项目中的费用加上该项目的平均投资额。

如前例中基本价格为 93.75 元，而保龄球项目投资额为人民币 340 万元，按年目标收益率为 150%，日接待量为 16 小时计算，则保龄球每小时价格=休闲体育项目基本价格+[项目投资额÷（目标周期×日接待量×设备数量）]×目标收益率=93.75+[3400 000÷（12×25×16×20）]×150%=146（元）。即保龄球项目每小时收费 146 元。

3．心理定价方法

这是指针对顾客心理制定价格的方法。

（1）神秘计价法。顾客对一些新兴的或本企业独有的项目的成本不了解，造成神秘的心理，顾客出于好奇、领导潮流的心理不计较价格的高低，这时可在基础价格上适当提高价格。

（2）数字心理。包括顾客对某些数字喜恶和定位反应。喜恶情况在上面已经谈到。定位反应，即顾客看到某些数字后把这个数字划归到某个范围。如 68 与 48 顾客都认为是 50 元左右，这就不如定在 68 元。再如 110元与 98 元，顾客就会反应 100 元以上和 100 元以内，成为两个价格区间，这时应选择低区间，让顾客容易接受。另外，顾客对数字的长度和简洁度也有反应，如对 87.35，客人会觉得数字很长，价格高，计算麻烦而不愿接受；而对整数如 90 元、80 元更容易接受。

经营者在制定价格时都应考虑到以上各种心理因素。

（四）休闲体育经营项目的计价方式

休闲体育经营项目的计价方法主要是价格的计费单位。如××元/小时、××元/人、××元/局、××元/次、××元/月、××元/年等。

不同的经营项目应根据具体情况，采取不同的价格表现形式。

1. 小时计价形式

这是以客人使用服务项目的时间为单位的计价方式。一般是每小时若干元，低于 1 小时按 1 小时计算。具有便于计算和管理控制的优点，但有的项目消费时间只有十几分钟的，给客人造成压力，显得收费标准高，影响了一定数量的客源。它适合于多人消费同一项目的休闲体育项目，如台球、保龄球。

2. 以人为单位的计价方式

这是指一个人消费某项或若干服务项目收取固定的费用。这种方式往往以门票形式表现，具有既方便客人又便于管理的优点，但只适合于一些低消费项目，如游泳、棋牌等。

3. 以局为单位的计价方式

这是指进行具有比赛游戏性质的项目时，以比赛局数为单位的计价方式。这种方式能满足一部分高效率客人的需要，但存在着难以控制和管理的缺点。

其他还有以月、年为计价方式的，这一般适合于会员，带有优惠的特点，可以保证企业或中心拥有一批稳定的客源。

第四节　休闲体育经营服务流程设计

确立了经营项目，就要把每个服务项目或多个服务项目以良好的程序提供给客人，这样才能既便于严格管理，又方便客人，既提高效率，又降低费用。所以，服务流程设计是各项设计中的不可缺少的一项，必须给予高度重视。现代休闲体育企业或酒店休闲体育中心因其自身的特殊性，不能仅仅照抄照搬一些现成的企业或中心的流程，而必须结合自身的具体项目和经营特点设计。

一、休闲体育经营服务流程设计的原则

（一）方便顾客的原则

任何一项服务，首先要考虑满足顾客的各种需求。顾客消费服务项目，乐趣在项目活动上，如果在使用项目前后需履行各种繁杂的手续，虽然方

便了经营单位，但遭到客人的反感。所以，要设计科学合理的办理手续的程序，尽量减少客人办理手续的时间。

（二）程序简化与高效率原则

服务流程设计在方便顾客的同时，也要给服务人员减少不必要的程序，达到高效率的效果，从而提高服务质量，减少劳动力成本。

（三）便于控制监督的原则

休闲体育服务项目多，环节也多，在保证方便顾客和减少程序的同时，又要使各个环节程序相互监督，便于管理者进行控制。否则会造成环节漏洞，既造成经济损失损坏企业形象，又不利于考核员工的绩效。所以，在设计服务流程时，必须考虑控制监督的作用。

（四）便于电脑运用的原则

现代休闲体育作为现代化的产物，不仅设备环境要现代化，管理也要现代化，电脑在休闲体育经营管理的应用上就是主要手段。休闲体育经营服务流程各个环节的各种数据、信息沟通、数据汇总，都可以利用电脑进行。如果企业暂时不具备使用电脑的条件，在设计服务流程时也应考虑电脑运用的问题，为今后应用电脑打下基础。

二、服务流程设计的方法

（一）明确本企业的经营项目与特点

这是指设计服务流程前要将本企业的各种经营项目、同一经营项目的消费档次、本企业的环境特点（空间隔断、人行路段、设施限制等），根据这些情况考虑每个服务项目流程。例如，有的休闲体育企业推行会员制或贵宾卡，会员每次到本企业消费的固定项目，都配有免费供应的固定品种和数量的饮料。那么，消费固定项目与饮料时只需签一次字就可完成客人的程序。

休闲体育企业的有些项目设施距离较远，如吧台提供饮料距离客人使用有一定距离，或者因为吧台面积较小，提供冷冻饮料的能力有限，就可以在其他服务项目现场提供小冷柜，事先放入少量各种饮料。如果服务项目是单间形式，只需在最后一次记账即可，不必取一次饮料，记一次账。

（二）设计多种服务流程方案

这项工作可以在调查其他企业的基础上进行，召集有关专家和有关人员提出自己的想法，对不切实际的想法当场否定，将可行的方案进行总结分析，提出几种可行的流程设计方案。

方案一：客人到本休闲体育企业或酒店休闲体育中心，由接待员登记，然后引领客人到需要的项目处。客人使用时，由项目服务员记录使用情况，将账单送至总收银台，客人或服务员到总收银台结账。

方案二：前部分流程同方案一，后部分不同之处是各个项目分别设收银员，由服务员在收银处为客人结账。

（三）选定一个合理的流程方案

将各种设计流程方案分别做评估，选择最合乎企业或实际的、又不违反设计原则的方案，再进行优化、简化，产生最可行的流程。如上面的方案，如果是规模小，路线短，设施集中的就可选定方案一；如果是规模大，路线长，设施分散的就可以选定方案二。

（四）不同消费形式，设计不同手续制度

客人在消费同一项或多个项目时，会有多种形式，应根据不同形式采取不同手续制度。如零散单项消费、零散多项消费、会员消费、零散优惠消费、团体消费、不同付款方式的消费等等，各种消费形式在某些环节有所区别，一定要设计出不同的手续制度。

（五）设计各种科学严密的表格

现代休闲体育企业或酒店休闲体育中心的服务流程产生的经济效益，体现在财务上，主要是表格形式。表格设计得是否严密合理，关系到经营效果的好坏。经营效果要靠监督才能保证，管理者监督经营效果的主要依据是各种表格所提供的信息。所以，设计的各种表格既要方便服务流程，又要为财务和监督提供信息。

（六）模拟实施服务流程

将设计好的服务流程及各种表格交给部分员工，一部分员工扮成客人，模拟实施服务流程，然后观察这种流程的利弊，分析比较，再优化服务流

程，从此完成了一个服务流程设计的循环。进行全流程情境模拟实施。重点检验四个维度的问题：一是流程的合规性，是否符合上位的强制性规定，如是改革创新是否符合上位规定的基本原则、符合正确的方向；二是流程的完整性、可行性，能不能走得通，有没有遗漏环节、程序，有没有前后倒置、交叉重叠问题；三是流程的清晰度，程序设计是否明了清晰，是否容易理解、便于实施，能不能简便转化为流程图，有没有存在隐藏程序需要公开明确说明；四是高效性，程序之间衔接是否顺畅，流程设计是否烦琐，各个环节是否有明确时限，有无可以缺省、简化的程序、环节。

值得提出的是，一个优秀的服务流程不是永恒的，可以根据环境变化，客人要求等因素不断进行调整和优化。

第七章　休闲体育市场营销理论研究

当今世界，体育的演进已在传统的健身功能上显现出休闲态势。随着人们生活水平的逐渐提高，体育意识的不断增强，休闲体育开始走进人们的生活，休闲体育市场显示出极大的发展潜力。在市场竞争日趋激烈的局势下，休闲体育产品与其他产品一样，必须根据市场需求的差异性进行市场细分，选择恰当的目标市场，通过整合产品、价格、分销、促销这四大营销组合要素来满足消费者的需要，同时充分发挥赞助的作用为休闲体育筹集资金，以实现休闲体育在社会中的推广与普及。

第一节　休闲体育市场的认识与目标市场的选择

目前，休闲体育正成为一种集教育、休闲健身、社交等多种功能为一体的活动，由此而打开的体育产业市场正以蓬勃之势迅速发展。根据相关部门预测，到 2025 年，我国户外用品市场的规模将达到 2100 亿元以上，户外运动产业规模将超过 1.1 万亿元。相关休闲体育用品产量不断递增的现象也充分说明，体育产业的细分市场将前景无限。

一、休闲体育市场及其分类

（一）休闲体育市场的含义

市场是商品交换的场所。通常，市场是根据所交换的商品的用途和特点来划分的。休闲体育市场的交换对象是满足人们休闲运动需要的各种有形产品和无形产品（服务）。因此。休闲体育市场是指休闲体育有形产品和无形产品交换的场所以及交换关系的总和。

休闲体育市场具有三方面的含义：

首先，狭义的休闲体育市场指的是休闲体育产品交换的场所，即买卖休闲体育有形产品和无形产品的场所，如消费者在闲暇时间观赏和参与体育活动或购买运动服装鞋类的场所。

其次，从经济学的角度来看，市场是体现了商品的供求关系，是商品交换活动和交换关系的总和。相应的，广义的休闲体育市场就是指休闲体育有形产品和无形产品交换活动和交换关系的总和。

再次，从营销学的角度来看，市场是"具有现实的或潜在的需求、购买欲望和货币支付能力的个人或组织"。根据营销学中市场的这一含义，休闲体育市场就是指个人或组织对休闲体育有形产品和无形产品的既有购买欲望又有货币支付能力的现实和潜在的需求。

（二）休闲体育市场的类型

按产品形态来分，休闲体育市场可以分为休闲体育用品市场和休闲体育服务市场。

按功能来分，休闲体育市场可以分为休闲体育用品市场、体育竞赛表演市场、体育健身娱乐市场、体育旅游市场、体育培训市场等。

1. 体育用品市场

休闲体育用品市场是指以休闲体育用品为交易对象的市场，休闲体育用品具体指的是满足人们休闲运动所需要的食品、饮料、服装、鞋类、器材、用具、场地等。

随着人们生活水平的不断提高，人们健身意识的逐渐增强，我国体育用品市场非常活跃。一方面，耐克、彪马、阿迪达斯等国际品牌为争夺高收入消费者展开激烈的营销攻势；另一方面，李宁、康威、安踏等国产品牌稳步成长，拥有大批的中等收入消费者。

随着全民健身计划的推广和实施，以及体育产业化、商业化步伐的加快，我国人民对各类休闲体育用品的消费还会进一步扩张，推动休闲体育用品市场持续稳定向前发展。

2. 竞赛市场

在体育竞赛市场中，交易的商品是观赏性体育竞赛运动队、运动员是生产者，职业体育协会、俱乐部、媒体是经营者和经销商，观众是购买者。

以美国体育竞赛市场为例，20 世纪 80 年代中后期，美国成年人平均一年有 8 次到现场观看各种比赛，且观众人数呈逐年上升态势，到 2000 年时去赛场观看各项目比赛的人数达 3 亿人次。大市场造就了大产业。20 世纪 80 年代初，美国职业体育的总收入约 30 亿美元，到 20 世纪 90 年代中期，就已突破了 70 亿美元，达到了相当高的发展水平。

我国体育竞赛市场虽然规模不大，却呈现出巨大的发展潜力。20 世纪

90 年代以来，足球、篮球、排球、乒乓球等运动项目的职业联赛为人们提供的高水平的观赏性体育产品，并创造了巨大的商业价值，尤其是足球职业联赛的发展让人们看到了体育竞技的巨大市场潜力，如图 7-1 所示。

图 7-1　中国职业足球联赛

3. 娱乐市场

体育健身娱乐市场为人们提供参加体育活动所必需的体育器材、场所、技术指导等服务，这些服务可以满足人们强身健体、娱乐消遣、社会交往等需要。

在我国，实行 5 天工作制后人们闲暇时间明显增多，并且人们的收入水平逐年提高，体育健身娱乐市场得到了长足的发展。除了篮球、排球、足球、羽毛球、乒乓球、游泳等传统运动项目外，健美操、瑜伽、保龄球、网球、高尔夫、滑雪等体育活动广泛受到人们的喜爱。随着健身娱乐活动需求的蓬勃发展，我国体育健身娱乐市场上涌现出一大批经营规模较大、档次较高、具有一定社会影响力的健身企业，如力美健、中体倍力、青鸟等健身俱乐部，如图 7-2 所示。

图 7-2　青鸟健身俱乐部

4. 旅游市场

体育旅游市场最基本的特点是将体育活动与旅游活动相结合，体育旅游是一种新兴的、时尚的、具有刺激性和趣味性的休闲体育产品。体育旅游主要包含的类型有海滨度假型、高山探险型、高空冒险型和冰雪运动型，如图7-3所示。

图 7-3 海滨度假与沙滩排球

5. 培训市场

体育培训市场以各种体育培训服务作为交易对象。改革开放以来，以体育有偿培训为特征的体育培训市场发展迅速，经营体育培训的机构和俱乐部遍布全国各大城市，培训的项目繁多，如游泳培训、篮球培训、足球培训、羽毛球培训、乒乓球培训、网球培训、轮滑培训、武术培训、体育舞蹈等体育项目的业余培训，如图7-4所示。各年龄段的消费者都可以通过体育培训提高运动技能，青少年和儿童是推动体育培训市场发展壮大的重要力量。

图 7-4 游泳培训

二、休闲体育目标市场的选择

休闲体育市场是一个综合市场，在对其进行开发时，管理者要根据经营目标和自身的特点，对市场进行针对性的划分，锁定合理的目标市场。

（一）休闲体育目标市场策略

休闲体育目标市场策略总体上分为三种：无差异策略、差异性策略和集中性策略。

1. 无差异策略

无差异市场策略就是将市场看作一个统一的整体，不考虑实际消费中各个领域存在的差距，以此为基础向市场和消费者提供商品，以单一的产品覆盖尽可能多的消费者，满足更多人的需求，比如，城市马拉松比赛。

无差异市场策略的经济学依据是成本控制理论，在单一产品下，企业能够最大限度地控制经营运作的成本。单一产品项目之所以能够节约成本，不仅是因为产品开发上的成本缩减，还因为单一产品项目的市场调查、市场宣传和促销费用大幅度减少。但这种策略的缺陷也很明显，即只能使用需求广泛、同质性高的产品，并且会面临激烈的竞争。

2. 差异性策略

差异性市场策略是指将休闲体育市场细分为不同需求的子市场，企业通过对市场需求的精准把握，来组织和研发新的休闲体育项目。这种方法需要企业针对每种市场设计不同产品，制定不同的宣传、营销策略才能最大限度保证目标的实现。差异性策略既有优点也有缺点，具体如下：

（1）休闲体育采用差异性市场策略主要具备以下几个优点：

1）产品的种类相对丰富，产品组合方式灵活多样，并且能够精准地面向消费者的需求。

2）差异性策略营销的机构设置相对分散，这能够在一定程度上增强企业抵御市场风险的能力。

3）某一个项目在某个单项市场取得成功，会为企业积累良好的美誉度和企业信誉，对于其他市场的项目表现有很好的带动作用。

（2）休闲体育采用差异性市场策略的不足之处主要有两点：

1）增加成本。由于差异性策略的产品种类多，每种产品都要进行市场开发与推广销售，因此企业的营销成本会大幅度增加。此外，在市场需求的满足上，企业产品的设计和制造线会延长，增加生产成本。

2）会分散休闲体育优势资源。每个企业都有自己的突出的优势，如果项目过多，产品分散，企业的优势很难发挥出来，如果将资源集中用在某一两种项目上，又会增大风险。

3．集中性策略

集中性市场策略是指集中力量，对一个或者几个市场进行集中性突破，以这几个市场的成功带动其他项目的发展。集中性职场策略的核心思路是在集中的市场上取得成功，占据比较大的竞争优势，然后以此为基础向其他市场辐射。

集中策略的优势主要体现在能够充分利用企业的资源，集中力量和优势资源在市场上取得成功，这无形中增大了成功的概率。

集中性市场策略的局限性主要有两个：

（1）企业集中突破的市场，在总市场中占据的份额较小，体育机构的设置易受到影响。

（2）风险较大，由于将优势资源和资金都集中在有限的市场中，一旦市场出现变化或者营销失败，对企业的影响较大。

（二）选择目标市场策略时要考虑的因素

不同的市场策略有不同的特点，在实际运用中企业需要根据企业的状况，科学选择目标市场策略，才能取得成功。一般来说，影响企业目标市场策略的因素主要有以下几个：

1．休闲体育机构的资源或实力

如果企业在产品研发、市场营销以及财务运作上实力强劲，可以综合使用不同的目标策略；如果企业的资源或者实力不强，可以通过集中优势资源，对目标市场进行冲击，取得成功的概率相对较大。

2．产品相似性

如果某种休闲体育产品是一种大众化项目，市场上存在多种同质性产品，那么竞争的焦点必然会集中在价格上，这种情况企业应该通过开发新市场需求，利用差异化的市场策略来赢得竞争。

3．市场同质性

市场同质性是指不同细分市场对产品的本质需求是相近的。比如，消费者消费习惯、价格接受程度等要素，无论在那种市场上都存在一定的相似性，这种情况下企业要综合使用差异性市场策略与无差异策略，一方面保持自己传统项目的优势，一方面积极开发新市场，通过差异化策略获得优势。

4. 产品所处生命周期的不同阶段

产品处于不同的引入时期竞争的激烈性不同。产品刚进入市场竞争较小，但销售难度较大；产品进入市场开发成熟期，竞争对手增多，竞争压力增大；产品处于衰退期，为了更好地保持自己的市场优势，可以利用集中策略对产品进行营销、推广。

5. 竞争者的目标市场策略

休闲体育机构在进行目标市场战略选择的时候，要充分考虑竞争对手的市场表现。如果竞争对手实力强劲，采用无差别策略进行市场推广，企业可以集中优势资源采用集中性策略；如果对手实力较弱，且市场表现一般，可以采用无差异性竞争策略，降低成本。

6. 竞争者的数量

当市场上同类产品较少时，竞争相对平缓，企业可以相对轻松地在市场占据一定的份额，并可以控制竞争成本。当市场相对成熟，竞争对手增多时，企业需要集中优势资源保持自己在市场上的占有率，这时企业的竞争成本将增加。

第二节　休闲体育营销的基本策略与技巧

休闲健身企业或中心的营销人员应很好地理解营销活动中的每一个步骤，以及其中的营销技巧。销售技巧的应用意味着从业人员必须提高自身的素质和发挥自身的优势。销售步骤和销售技巧只是从业人员成功的两个工具。有效地利用这些工具的途径就是将其融入从业人员的个性中并且向顾客展示。

一、营销调研技巧

营销调研是指对与营销决策相关的数据进行计划、收集和分析并将分析结果向管理者沟通的过程。通过营销调研可以掌握有关消费者、公众、竞争者以及其他环境因素的各种有用信息。

（一）营销调研的重要性

1. 描述功能

描述功能是指收集并陈述事实。在经营中描述功能是对某个既定项目的结果进行叙述，比如，企业广告播出的效果如何就可以通过调查得到结果。

2. 诊断功能

诊断功能是指解释信息或活动。诊断功能能够发现企业经营或者产品定位上存在的问题，比如，包装对销售的影响就可以通过营销调研得到的数据进行进一步的分析，从而得出结论。

3. 预测功能

预测功能是指营销能够预测企业在未来经营中的市场变化，这是企业进行生产调整的依据。严密的营销，必须经过全面的市场调查，而市场调查是企业进行预测的基础。

由于具有上述的功能，营销调研对经营的重要意义就在于：实现对质量和顾客满意的不懈追求；有利于留住现有顾客；有利于管理人员了解持续变化的市场。

（二）营销调研的类型

按调研目的不同，营销调研可分为以下三种：

1. 探索性调研

当管理者感觉到营销中存在问题，但对问题的性质或范围不甚明确时委托营销人员进行的调研，通常属于探索性调研。

2. 描述性调研

这是一种对客观情况进行如实描述的调查研究，回答诸如消费者要买什么、什么时间买、在哪儿买、怎样买之类的问题。

3. 因果性调研

这是调查一个变量是否引起或决定另一个变量的研究过程，其目的是识别变量之间的因果关系，也就是回答一些有关"为什么"的问题。

（三）营销调研的程序

1. 确定问题及调研目标

为了有针对性地进行市场调研，避免盲目行动造成的人力、财力、物力浪费，必须首先找出需要解决的问题及其关键所在，确定问题及调研目标。

探索性调研的目标是收集初步信息以便提出问题和假设；描述性调研

的目标是对诸如某一产品的市场潜力或购买某产品的消费者的人口与态度等问题进行详细表述；因果性调研的目标是检验假设的因果关系。

营销者通常以探索性调研为开端，然后做描述性调研或因果性调研。调研问题与目标的表述指导整个调研过程，营销人员应将这一表述做成书面材料。

2. 制订调研计划

接着要求制订一个收集所需信息的最有效的计划，来有效地开展收集所需信息的活动。在批准调研计划之前，企业需要估计该调研计划的成本，如果成本大于因调研所带来的预计收益，那么就应拒绝。调研计划应该简述现存信息的来源、调研方法、接触方式、抽样计划和调研工具等。

（1）资料来源。为满足营销人员的信息需求，调研人员可以收集第二手资料、第一手资料或者两者都要。第二手资料就是在某处已经存在并已经为某种目的而收集起来的信息，而第一手资料则是为当前的某种特定目的而收集的原始资料。调研人员通常从收集第二手资料开始他们的调查工作，并据此判断他们的问题是否已经局部或全部解决，以免再花代价去收集第一手资料。调查者必须仔细判断第二手信息的价值以确保其相关（适合调研计划的需要）、准确（可靠地收集与报告）、及时（为最新的资料以便做出当前的决策）及公正（客观地收集与报告）。

（2）调研方法。调研方法主要包括观察法和询问法两种方法，这里我们对这两种方法进行介绍。

1）观察法。观察法是通过记录被调查者当前行为的类型和过程、现状、追求的目标等方面来收集原始资料的调研方法。观察法不要求被调查者配合交流，也不要回答问题，有时被调查者并没意识到在被观察。调查者可以通过观察许多行为与对象来获取有关的营销信息；观察法具有写实的特点，可以不受干扰地反映真实情况，不易受主观思想、地位、金钱及偏见等影响；观察法可用于获取人们不愿或不能提供的信息。

2）询问法。询问法是收集描述性信息的最佳方式。企业如果想了解人们的知识、态度、偏好或购买行为，往往可以通过直接询问个人来获得答案。询问法是收集原始资料中使用最广泛的一种方式，而且常常是一项调查研究的唯一方式。

3）实验法。实验法是指在一个特定的环境中，通过改变某一种营销变量的强度来观察其他选定变量的对应变化程度的方法。如果说观察法适合于探索性调研而询问法适合于描述性调研的话，那么实验法最适合于因果性调研。

（3）调研工具。常用的调研工具主要包括调查表和仪器两种：

1）调查表由向被调查者提问并征求回答的一组问题所组成。它是收集第一手资料的最普遍的工具。良好的调查表应具备三项条件：

第一，能达到市场调研的目的。即将调研目的以询问的方式具体化、重点化地列举在调查表上。

第二，促使被调查者愿意合作，提供正确情报，协助达成调研目的。

第三，正确表达调查者与被调查者的相互关系。

在调研过程中应该注意：避开隐私性问题，避免使用模糊词语，不要过分精确，不要出现组合问题，不要用带倾向性的问题，不要咬文嚼字，不要过于专业化，要便于调查者统计整理，要切合被调查者的特点等。

2）仪器在营销调研中使用得较少。例如，电流计可用于测量被调查者在看到一个广告或图像后所表现出的兴趣或感情的强度；眼球照相机是用于研究被调查者眼睛活动情况的，它观察被调查者目光最先落在什么地方，在每一指定的项目中逗留多长时间等。随着科技的迅速发展，诸如皮肤传感器、脑电波扫描仪等都被用于获取顾客的反应。

（4）抽样方案。

调研人员在决定了调研方法与工具后，必须设计一个抽样方案，它包括以下三个方面：

1）抽样单位。向什么人调查？调研人员必须决定抽样的目标总体，目标总体准确才能保证调研方向的准确性，保证调研效果符合研究需求。

2）样本规模。调查多少人？大规模样本比小规模样本的结果更可靠，样本的规模关系到调研工作的工作量和调研结果的准确性，调研人员要找到这二者之间的平衡点，科学确定样本规模。

3）抽样程序。如何选择被调查者？抽样程序可分为概率抽样和非概率抽样，不同的抽样方式得到结果的侧重点会有所差异，因此在决定采用哪种抽样方式进行抽样时，要根据调研目的确定。

（5）接触方法。常用的接触方法主要有四种，这里我们分别对其进行介绍和说明：

1）邮寄调查表。邮寄调查表是在被调查者不愿面访或调查者会曲解其回答时可以采用的最好方法。但是，邮寄的调查表需要简单清楚，其回收率低，回收速度也慢，效果受到一定程度的限制。

2）电话访问。电话访问是快速收集信息的最好方法，这种访问还能够在被调查者不明确问题时予以解释。但只能访问有电话的人，访问的时间必须比较短且不能过多地涉及个人问题，否则容易引起被调研对象的反感，不仅难以达到自己的采访目的，还会引起调研对象的反感，给自己的工作带来困难。

3）面访。面访是最通用的方法，调查人员能够提出较多的问题和利用个人观察来补充访问的不足。面访是成本最高的方法，也容易受到调查人员的影响而产生偏见或曲解。面访有两种形式，即约定访问和拦截访问。约定访问的调查对象是随机挑选的，通过付少量的酬金对被访者花费时间接受访问表示感谢；拦截访问是在商店或闹市街头拦住行人要求访问。

4）互联网访问。企业可以把调查问题放到自己的网页上，同时给回答问题者一定奖励；或者在人们经常浏览的网页上设置横栏广告，并实行有奖回答；企业也可以创立一个聊天室或 BBS，引入一些问题；还可以进行虚拟集中小组座谈。通过跟踪个人怎样在网站间移动浏览，企业可以了解浏览网站的顾客的信息，并通过对这些信息进行分析，得出顾客的需求。

3．实施调研计划

这一步骤是按照预定计划和所设计的调查方案，具体实施收集信息的各项工作和细节。这一阶段的实际工作量最大，支出费用最高，且最容易出错。主要包括根据调研任务和规模要求建立调查组织或聘请专业调查公司，训练调查人员，准备调查工具，实地开展调查。

4．分析调研资料

营销调研的重要目的，是从所收集的信息或数据中提炼出有用的结果。这就要求把收集来的信息进行整理、分析。主要包括：检查资料是否齐全；对资料进行编辑加工，去粗取精，找出误差，剔除前后矛盾处；对资料进行分类、制图、列表，以便于归档、查找、使用；运用统计模型和其他数学模型对数据进行处理，以充分发掘从现有数据中可推出的结果，在看似无关的信息之间建立内在联系。

5．提出调研分析报告

调研的目的显然不是让大量的统计数字、表格和数学公式搅乱决策者的头脑，而要对决策者关心的问题提出结论性的建议。正规的营销调研必须就其所研究的结论提出正式的报告。报告力求简洁、准确、完整、客观。报告提出后，调研人员的工作并未结束，他们还须跟踪了解该报告的建议是否被采纳，如果没有采纳，了解是因为什么原因；如果采纳了，了解实际效果如何，并根据实际情况进行一定的补充和修正。

二、描述顾客

要想实现描述顾客，需要通过提问的方式收集信息，主要包括以下几点。

（一）一般信息

营销人员一般从提问基本问题开始，这些问题将揭示顾客的背景资料。通过提问，了解顾客在生活方式等方面的情况。这类问题比起其他问题来说趋于大众化，不会令顾客过于激动。以这些问题作为开始，将使顾客感觉到自在，同时也有助于谈话更快深入下去。

（二）健康状况

顾客描述的中心以考察顾客的健康史为主要目的。这部分问题将有助于明确顾客的饮食习惯和健康状况，同时也有助于了解顾客对健康和锻炼的重视程度，以及以往练习效果不佳的原因。

（三）健身目的

每一名顾客都因为一个不同于他人的原因而来到休闲健身中心。这就是为什么休闲健身企业必须了解顾客的健身背景和想要达到的健身目标。应注意顾客的健身目标和他们的特别需求。通过对顾客的询问发现顾客对练习项目的期望值及原因，发现顾客的欲望。

（四）顾客的目标和动机

任何一个想要说服顾客马上开始实施休闲健身计划的营销人员都会提出两个问题："顾客的目标是什么？""是什么原因促使他今天为了实现自己的目标而来到我们的健身中心？"当对顾客的具体目标、动机了如指掌时，就为一次成功的营销打好了坚实的基础，也具备了促使顾客达成交易的基本条件，从某方面来说就已经掌握了促成交易的主动权。

1. 目标

第一步就是必须告诉顾客健康能够帮助他们实现自己的目标。顾客会用不同的方式告知他们的目标是："我需要减肥。""我想使自己看起来更苗条。""我不希望自己身材臃肿。"

但是，当别人说明他们的目标，并不意味着他们真的会采取某种措施。促使人们立即采取行动来解决问题或满足个人需求的根本原因是一个人的情绪。当这些问题给他们带来越来越多的苦恼或者这种个人需求变得越来越迫切的时候，情绪上的波动会使他们愿意采取某种措施来改变这种状况。

2. 动机

营销人员有必要找出顾客期望实现自己的目标的根本原因，我们把这种原因称为动机。人们休闲健身的一些动机是：成功、金钱、地位、赢得他人的喜爱、美丽的外表、健康、自尊等。

三、报价技巧

（一）扼要陈述

扼要陈述的阶段应一对一，最好在接待室。陈述时，需要使客户的注意力高度集中，这样才能帮助他们想象。为鼓励客户认同某种训练项目，扼要陈述是强有力的一步。休闲健身企业宣传册是一个工具，内容包括：有关企业的信息；休闲健身中心的地址；个人培训项目信息；营养信息和研究；关于描述健身过程效果的几个阶段；新成员拓展训练信息等。

在介绍健身中心时，必须把中心的各个项目的特点和利益与客户的目标和动机联系在一起，将能引起客户兴趣的内容说得详细些，作为陈述的重点。此时可以讲述健身过程效果，它一般分为五个阶段。

1. 初始阶段

在开始的几个星期内，新顾客将学习适当的运动技能，并得到最好的结果；对锻炼项目感到舒心；改善学习态度；为新生活周期开始而兴奋等。

2. 成效阶段

两个月以后开始进行"标准化"锻炼，大多数顾客能够达到特定的目标，如协调性增强，肌肉形状改变，围度增加；适应了常规的测试，同时安排不同的更具挑战性的活动使测试多样化；看到成效并对自我感觉更好等。

3. 维持阶段

他们每周至少安排两到三次的时间进行锻炼，使他们继续保持理想的身体条件；增加测试的多样化，更新他们锻炼的项目；测试并进行有规律的锻炼，使之成为健康生活方式的一部分等。

4. 创造愿景阶段

为吸引客户并诱发客户的想象力，要创造出一个愿景并植根于客户的头脑中，即一个当他们完成目标后将感觉到的愿景。

5. 得到承诺阶段

在结束和报价开始之前，还需要问一个试探性的封闭问题，来确定是否准备成为会员。例如，中心拥有您所需要的一切来帮您达到想要的效果，那么您能告诉我什么时候可以开始健身练习吗？

这样做的目的是帮助客户想象自己在塑身后的形象，让他们想象每一阶段的感受，从而知道如何更加健康。

（二）报价环境

报价是营销的关键环节之一。报价不是随便讲个"价钱"，而需要有良好的环境，充分的准备。下面是有效报价程序的建议：保持办公室的整洁；确认办公室里备有笔、纸和宣传册；办公室里应提供营养方面的信息，新成员资料的文件夹，健身产品的计划表，规则和制度等。

（三）报价步骤

1. 介绍产品

首先进行区分，特别关注消费者的需求和体征，对可能成为会员的消费者，介绍会员资格及提供的服务产品。

2. 选择付款

表述付款条件的时候要做到清晰明确，否则，顾客无法选择付款方式。为使顾客清楚报价，要口头表述报价单上的下列信息：预付定金、每月付款额、年付款等。

3. 结束报价

在报价完成后，提出一个封闭性的问题，例如，您更喜欢哪一种选择，选项 A 还是选项 B?提问题时声音应该清晰有力，充满信心；提出问题后，暂停并等待回答。如果客户要花点时间考虑，不要感到不安。

（四）报价结束后

当问客户更喜欢哪一种选择时，有四种典型的回答。

1．选择

客户一做出选择，应该马上肯定他的决策并欢迎他加入，下一步是售后服务。这时需要耐心对顾客的疑虑进行解答，使他们能够没有顾虑地选择自己的产品，促成交易。

2．沉默

有时客户不会马上回答，在客户完成思考之前，不要打扰他，给他一定的时间去思考，在权衡之后顾客会给出自己的答案。如果这时销售人员还不停向顾客兜售自己的产品，那么适得其反，会引起顾客的反感，即使有消费冲动，也会被烦人的推销打消。

3．提问

在提出问题以后，客户可能经常会问一些问题。如"你什么时候还有时间？""我想预订一个场地，要提前几天？"可以直接回答，也可以提出另一个问题澄清客户的问题。

4．担忧

担忧是客户对开始锻炼而产生的犹豫情绪，这时候一定要耐心引导顾客，激发他们对运动和锻炼的热情，让他们树立坚持锻炼的决心。

四、处理消费者担忧技巧

处理客户的担忧是任何销售过程的常规组成部分，要学会如何处理在报价结束后的担忧，才能成为一名合格的销售人员。当结束报价后，客户会有四种类型的反应，担忧是最普遍的。客户有时候会表达一种明确的担忧，有时候则会含糊其词。明确的担忧一般这样表达："我想考虑一下，因为我不知道自己能否坚持一个锻炼项目。"当客户觉得，告诉他担忧什么，是一件不舒服的事情时，就会含糊其词。

（一）含糊其词

客户会含糊其词有几个原因：客户在第一次被要求采取行动时，曾经考虑要拒绝；没有时间考虑决定；也有客户不喜欢向营销人员说明他们真实的担忧等。另外，还需要考虑担忧的内容。

1．时间

一个客户担忧是否有时间锻炼，可能会说："我没有时间。"这时不要着急，站在客户的角度考虑问题，并适当解释锻炼、健身的好处，让顾客接受花费时间在自己健康上是一种正确的选择。

2．配偶

客户经常想和他们的丈夫、妻子或其他人讨论如何决定。一个想和其他人讨论后再做出决定的客户，也许会说："我需要和我的男朋友／女朋友商量一下。"这时不要打扰顾客，让他认真考虑，给顾客决策的时间和理由，只有充分体谅顾客才能达成交易。

3．承诺

客户通过各种方式传达对做出决定的担忧："我想先试一试，看看我是否要继续坚持锻炼。"这些顾客其实拥有相当强的消费欲望，这时应该抓住顾客的担忧点，耐心消除他们的疑虑。

4．金钱

如果客户对金钱没有准备，对钱的担忧就会出现，客户会说："你们有没有便宜一点的？"这时销售人员要站在顾客的角度和消费能力为其考虑合适的项目，使其能够在自己的消费能力之内得到锻炼的机会。

（二）处理担忧的方法

1．完整地倾听

全神贯注地倾听客户的整个担忧倾诉，判定他们的表述是属于含糊的表述还是明确的担忧。客户经常表达不止一种的担忧，最后一个表达的担忧往往是最重要的一个。如果因为匆忙回答而干扰了他们，就不能发现客户真正的担忧，从而找不到说服对方消费的切入点。

2．表示理解

倾听完后，先要表示理解。一种表示完全理解的表述，是对客户讲述情况和感觉的一种复述，让顾客感觉到并不是为了推销而推销，而是针对顾客的需求进行推销。这时销售人员需要能够敏锐发现顾客的需求，针对他们的需求组织自己的语言进行表达，并给顾客思考的时间。

3．提出问题，阐明顾客的担忧

（1）孤立顾客的担忧。使用封闭性问题得到肯定或否定的回答，使顾客的担忧孤立起来。例如，"您说的是，阻止您开始一个锻炼项目的仅仅是资金问题，对吗?"

（2）阐明担忧。在阐明担忧时，给顾客一个选择，判定他们真正的担忧，可以使用封闭性问题让顾客做选择。

4. 提供信息

在提供信息时，有两种方式可以选择：一是回到简介阶段，二是提供新的信息。

（1）回到简介阶段。回到简介阶段，提供与顾客的目标、强烈欲望相关的信息，目的是刺激顾客的消费欲望。

（2）提供新的信息。顾客可能需要进一步知道当他们成为中心会员后会有哪些服务项目；顾客还可能会担心到中心锻炼的时间与他们的时间表发生冲突等。对于这些情况，必须提供新的信息来消除顾客的顾虑。

5. 结束话题

在对顾客的疑虑做出答复之后，必须结束这个话题。可能需要使用一种试探性的结束语来了解顾客的态度。例如，"每周进行两至三次，每次 60 分钟的锻炼，您就可以保持一周精力充沛，是不是很不错?"如果顾客的回答是"是"，便可以结束当前的话题。在销售过程中，要习惯不止一次使用试探性结束语。当试图结束谈话后，不要再讨论其他任何问题。

第八章　休闲体育产业及其发展趋势研究

第一节　我国体育产业发展分析

一、体育产业对国民经济的影响调查与分析

（一）体育产业对 GDP 的贡献调查

随着体育产业商业价值的不断增长，其也成了国民经济和社会发展中不可缺少的一个重要组成部分，其国际竞争力也在不断提升。尤其是随着近年来我国经济的高速发展，人们的消费水平也有了很大提高，我国体育产业的发展更是出现了新的高潮。体育产业的总产值和增加值，每年都呈现出快速增长的趋势。2015 年，体育产业增加值达到 982.89 亿元，2016 年达到 1265.23 亿元，2017 年达到 1658.62 亿元，其中 2016 年比 2015 年增加242.34 亿元，2017 年比 2016 年增加 393.39 亿元。从这里我们就可以看出，在这三年中，体育产业对于 GDP 的贡献率依次为 0.47%、0.51%、0.55%，同样也呈现出逐年上升的趋势。而在国家体育总局、国家统计局联合发布2018 年度全国体育产业总产出和增加值数据中，2018 年全国体育产业总规模（总产出）为 26 579 亿元，体育产业增加值为 10 078 亿元，首次突破 1万亿元，体育产业增加值占国内生产总值的比重为 1.1%。2019 年我国体育产业总规模已经突破 3 万亿元，提前完成了"十三五"规划目标。

由此可见，在国民经济发展中，体育产业所占据的比例将呈现出逐渐增长的趋势。

（二）体育产业对 GDP 的贡献分析

从当前我国体育产业发展的总体状况来看，与发达国家相比较，其总产值在国民经济中所占据的比例较小。这表明，我国体育产业的发展仍存在巨大的潜力，需要未来进一步进行挖掘。需要注意的是，当前，我国体育产业所创造出来的价值，与我国所处的国际地位之间还存在较大差距。这就表明，我国体育产业的发展还存在巨大的上升空间。同样，国家体育

总局经济司司长刘扶民对于 2018 年的数据做出总结：从数据看，2018 年我国体育产业总规模、增加值大幅提高，总规模较 2017 年增长 20.9%，产业增加值较 2017 年增长 29%，显示出强劲的增长潜力和巨大的市场空间。因此在未来的发展中，我们要给予体育产业的发展更多的支持和关注，全面实现体育产业对于国民经济的巨大拉动作用。

二、对体育产业结构的调查与分析

（一）对体育产业结构的调查

近年来，多项体育产业所获得的产值都呈现出逐渐增长的情况，尤其是体育服务业、体育用品业、体育建筑业，表现得最为明显。从 2013 年到 2017 年，体育用品业增加了 910.69 亿元，并且在体育产业的整体增加值中，体育用品业始终占到了 76% 以上。与 2013 年相比，2017 年体育服务业的增加值达到了 264.11 亿元。与其他体育产业相比较，体育服务业的增长速度较慢。但是近年来这种情况有所改善，对于 2018 年的体育产业增长数据，国家体育总局副局长李颖川介绍，从体育产业内部结构看，体育服务业保持良好发展势头，增加值为 6530 亿元，在全部体育产业中占比达到了 64.8%，其中体育用品及相关产品销售、出租与贸易代理规模最大，增加值为 2327 亿元，占全部体育产业增加值比重为 23.1%。此外，体育用品及相关产品制造的增加值为 3399 亿元，占全部体育产业增加值比重为 33.7%。体育场地设施建设增加值为 150 亿元，占全部体育产业增加值比重为 1.5%。

随着我国各界人士对体育产业重视程度的不断加深，国家体育产业基地和国家体育产业示范基地的建设数量也在不断增加。当前，体育产业各门类正在朝协同融合的方向发展，产业组织的形态更加丰富，产业结构也逐渐呈现合理化趋势。尽管人们对于体育产品和服务的需求不断增长，但相关体育产业的增长始终能够满足他们的需求，并且体育产品和服务的种类也更加多样化。体育企业大量涌现出来，不仅具有国际影响力的龙头企业，并且还有众多的富有创新活力的中小企业，大量的体育社会组织也纷纷出现，并逐渐形成了一批具有鲜明特色的体育产业集群。

（二）对体育产业结构的分析

一个完整的体育产业体系，是由核心层、外围层、相关层等多个层次来共同组成的，在各个层次内部、各个分支行业之间都存在一种极为密切的联系。对于体育服务业来说，能够促进体育产业发展的原动力是健身娱乐业、竞赛表演业。因此，想要实现整个体育产业的繁荣发展，就必须大力推动本体产业的发展。

当前，我国体育产业结构方面存在的问题是，核心产业发展的动力不够充足，体育用品业仍然占据体育产业结构的主体，体育服务业的主导作用无法发挥出来，并且在体育产业的内部结构中还存在着多项矛盾，始终无法解决。

从当前我国体育产业发展的总体形势来看，如何调整体育产业的结构，已经成为体育产业进一步发展的重点。想要实现体育产业持续、健康地发展，就必须改变体育产业结构失衡的情况。

三、体育产业从业人员情况调查与分析

（一）对体育产业从业人员的调查

当前，体育产业的发展已经引起了国家各个方面的重视，力图通过制定一系列的政策措施来实现体育服务业的快速发展。体育服务业隶属于第三产业，在第三产业的结构中，要不断提升体育服务业所占的比例，拉动体育服务产业的发展，将其发展成为国民经济的主导产业之一。这样可以实现对国民经济结构的调整及优化，同时对于经济增长方式的转变也会产生重要的推动作用，能够缓解当前我国资源短缺对经济发展的制约作用，实现对资源的合理利用。

调查表明，在 2017 年，我国体育产业的增加值超过 1000 亿，在国内生产总值中达到的比例已经超过了 0.7%，在体育服务产业内的从业人员达到了 400 万人。从这里也可以看出，体育产业的发展已经成为拉动国民经济增长的一项重要驱动力。

（二）对体育产业从业人员的分析

所谓的体育产业的从业人员，实际上主要指的是体育服务业的从业人员，其所占的人员比例是最大的。因此，在这里只对体育服务业的从业人员进行分析。

体育服务业属于第三产业，在吸纳人员就业方面具有独特的优势。这是因为，体育服务行业所涉及的范围极为广泛，包含的门类繁多，产业种类多样，劳动密集、技术密集、知识密集行业并存，无论是就业还是创业，

发展方式都灵活多样，产业内部设置有大量的人员岗位，因此可以为不同层次的人员提供大量的就业机会。

但需要注意的是，我国体育服务业发展的速度不尽如人意，因此从吸纳的就业人数来看，始终无法与体育用品业相比较。此外，体育服务业在整个体育产业中，所占的比例也较低。

当前体育产业的就业结构表明，实际上我国体育服务产业的发展仍然处于较低的层次，整个体育产业内部结构的平衡性较差。

四、未来体育产业对我国经济的影响

（一）产业领域不断扩大，电视转播权和冠名权经营效益显著

随着体育产业的不断开发，领域不断加大，人们对体育产业的要求也越来越严格。体育产业在赛事的冠名权和电视转播权方面取得了很大的成果。体育产业要发展得更远一定要借助电视的转播和冠名等方式。人们对体育赛事的关注也会提升，电视播放的效益会加速体育产业的发展。另外通过电视转播，在转播中插入广告宣传企业和产品不但能够提升企业的知名度，还能够加速产品的销售，促进商品经济的发展。近几年我国体育的收入基本来自赛事冠名费，在体育产业规模不断扩大的今天，体育产业所带来的经济效益将会是一笔巨大的数字。

（二）体育用品的销售成为大众消费热点

体育用品的销量能够反映城市的生活和消费水平。体育产业通过媒体传播吸引了大批的爱好者并促进了他们参与体育活动，而体育产品就成为大众消费的热销商品，而这些热销产品很大地促进了我国经济的发展。根据调查表明，体育产品支出在人们日常生活消费中排在第五位，近两年随着体育事业的蓬勃发展，体育产品的市场也将随着人们对体育事业的热爱逐步扩大。

（三）体育产业快速发展带动相关产业的发展

与体育产业相关联的产业非常广泛，它能够带动电子产业、食品产业、机械、建筑、纺织等产业的发展，除此之外，对旅游业、保险产业、广告及证券等产业的发展也有一定的促进作用。体育产业对中国现代经济发展的作用是众所周知的，以贵州山地户外运动赛事为例，旅游业直接从赛事

中获益，大量的游客借助到贵州参加比赛的契机会游览贵州的旅游景点和名胜古迹，这极大地促进了贵州旅游业的发展，也同时带动了经济的发展。其次，餐饮产业、住宿产业、交通业、购物产业、服务行业也带来了巨大商机。事实证明，体育产业的快速发展可以带动相关产业发展。

第二节　休闲体育产业内涵及体系构成

一、休闲体育产业的内涵

休闲体育产业是休闲产业的一个组成部分，即基础产业的一个部分。休闲体育产业的内涵既有与休闲产业交叉部分，又有与休闲产业中其他业域相区别的部分。因此，在界定休闲体育产业的概念时必须将这一因素考虑进去。

根据休闲产业的内涵和体育的自身属性，可以将休闲体育产业定义为：休闲体育产业是指那些为满足人们休闲体育消费而提供的产品和服务组织的集合。从某种意义上说，也可以认为休闲体育产业是以满足人们休闲需要为目的的产业。这一概念包括以下几个含义：

（1）休闲体育消费，是人们以支付一定货币的方式购买休闲体育产品，实现满足休闲需求效用的过程。可以理解为满足休闲需求是目的，体育运动是实现目的的手段，支付货币购买效用是一种经济形式。这一点与休闲产业的核心目的是一致的。

（2）休闲体育产品的生产效用是以体育运动为基本方式和手段的，而不是其他，这一点是休闲体育区别于其他休闲方式的本质属性。

（3）休闲体育产业提供的产品具有明确的指向性，即为专门进行休闲体育消费而提供的休闲体育产品。

（4）休闲体育产业提供的产品包括休闲体育用品和休闲服务。

要正确认识休闲体育产业在当代人类社会中的重要意义和作用，必须深刻理解休闲体育产业的基本性质。休闲体育产业首先具备体育的基本属性，就必然具有增强人民体质，丰富社会文化生活，促进社会成员之间的交流，建设精神文明，构建和谐社会等基本作用和意义。根据马克思主义的一般原理，无论是休闲产业还是休闲体育产业的产生和发展必须具备下列两个社会必要条件，一是社会的物质基础极大丰富，人们在满足了基本生存需要以后，有更多的经济能力去从事文化、艺术、体育等其他社会活动，二是有更多的闲暇时间。建立在这样社会基础之上的休闲体育产业就必然是当代人类社会中的一种新兴产业，也就必然具有促进经济发展、拉动消费，调整产业结构和增加就业机会等多种作用和意义。

二、休闲体育产品

休闲体育产品的生产与经营是休闲体育企业经济活动的重要内容，同时也是休闲体育产业提供给消费者，以满足其休闲需求的最基本单位。了解休闲体育产品的性质和特征对发展休闲体育产业，开发休闲体育产品都有着重要的作用。

（一）休闲体育产品的内涵

根据经济学的定义，产品是用于交换的劳动产品。广义上，产品既包括有形的物质产品，也包括无形的劳务产品。

休闲产品是指生产经营者提供的、用于满足休闲消费需求的各种物质产品和劳务的总和，既包括各种直接用于休闲消费的物质产品，也包括各种满足休闲消费者休闲需要的休闲项目、休闲设施与休闲活动。

正如休闲体育产业是休闲产业的下位概念一样，休闲体育产品作为休闲产品的一部分，也有其自身的特性，即以体育运动为主要资源，经过生产或服务提供给消费者，以满足其休闲需求的产品。

由此，可将休闲体育产品定义为：由休闲体育产业经营者提供给消费者，用于满足其休闲体育需求的各种产品（物质产品和劳务）的总和。

（二）休闲体育产品的类型

根据不同的分类标准可以将休闲体育产品分为不同的类型，以产品的供给形式可以将休闲体育产品分为物质型休闲体育产品和劳务型休闲体育产品。劳务型休闲体育产品是满足消费者需求的最终产品。

物质型休闲体育产品是指直接以物质产品的消耗满足休闲体育消费者休闲需要的产品，如体育设施、运动服装、鞋帽、护具等。

劳务型休闲体育产品可分为参与型休闲体育产品、观赏型休闲体育产品和设施服务型休闲体育产品。

参与型休闲体育产品是指为休闲消费者提供专门化的某项休闲体育服务，满足其运动休闲体验需要的劳务产品。如健身俱乐部、体育旅游、打高尔夫、拓展等。

观赏型休闲体育产品是指为休闲消费者提供高水平竞赛产品，以满足消费者欣赏体育竞技需要的劳务产品。如 NBA、英超足球联赛、西甲足球联赛等各种高水平的体育竞赛。

设施服务型休闲体育产品是指凭借各种体育设施向消费者提供服务，以满足休闲消费者需要的服务性产品。如运动场、游泳馆、健身房等，如图 6-2 所示。

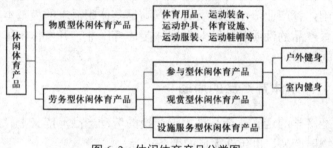

图 6-2 休闲体育产品分类图

（三）休闲体育产品的特征

这里所介绍的休闲体育产品的特性主要是指最终满足消费者休闲需求的劳务型休闲体育产品的特性。

1. 休闲体育产品的"无形"与"有神"的统一性

劳务型休闲体育产品与一般劳务产品有着共有的无形性特征，即消费者消费了劳务产品，并没有获得任何可持有物，也就是说不具有可触摸实体。劳务产品体现的是一种运动形式的使用价值，而非采取实物形式。

劳务型休闲体育产品既具有一般劳务型产品的无形性的共性，又有别于一般劳务型产品。一般绝大多数劳务型产品只是满足于较低层次的需求，至少不是用来满足精神需求的，如保洁服务、送货服务、零售服务等。而劳务型休闲体育产品则是满足消费者享受与发展高层次的精神文化需求的。因为休闲体育消费主要是心理的、精神的需要，消费者通过消费劳务型休闲体育产品可以获得一种精神的愉悦和满足，如观赏体育竞赛、参与健身活动、体育旅游等。所以说，休闲体育产品是无形和有神的统一。

2. 休闲体育产品的生产与消费的同时性

与一般劳务型产品一样，休闲体育产品的生产和消费也是同步进行的活动，具有不可分性。休闲体育劳务一开始，消费也同时进行，休闲服务在生产出来的同时就被消费了。生产一结束，消费也就宣告结束。

虽然一般性劳务产品的生产和消费是同时进行的，但消费者并不一定在消费现场进行消费，不一定参与生产过程。消费者的消费其实只是一种服务结果而已，而非其服务的过程。也就是说，消费者不参与生产。如保洁服务、送货服务、零售服务等。

但对于劳务型休闲体育产品来说，消费者必须参与生产过程，他必须与生产互动，否则休闲体育产品的生产无法完成。因此，休闲体育产品生产的整个或主要生产过程都暴露在消费者面前，消费者的消费过程是能动的，生产过程终结，消费者的需要也得到满足。因此，劳务型休闲体育产品能够纯粹体现其生产与消费的同时性。

3. 休闲体育产品"过程"与"结果"质量评价的一致性

与一般性劳务产品相比，劳务型休闲体育产品能够充分体现生产与消费的同时性特征。对于一般性劳务产品来说，消费者主要关注的是"结果质量"而非"过程质量"。但劳务型休闲体育产品的生产与消费的"过程"与"结果"是不可分的，其"过程"既是"结果"，"结果"也是"过程"。消费者既关注"结果质量"，也关注"过程质量"。

4. 休闲体育产品的消费品与投资品的一体性

休闲体育产品是满足消费者精神文化需求的产品。消费者通过休闲体育产品的消费，可以促进身心发展、提高智力水平和健康水平，提高对外界刺激的敏感性和身心协调能力，最终提高人的综合素质。因此，休闲体育消费不仅能带来当前的消费效用，还能给消费者带来未来的回报。它可以给消费者在智力和体力两个方面带来投资效应，通过提高生产率而导致市场上一个更大的产出，最终导致个人生活质量的提高，这还是一个循环过程。其逻辑关系可以如下所示：休闲体育消费—增进身心健康—提高人力资本水平—提高生产率—产出增加—收入增加—生活水平提高—休闲体育消费再增加。因此，从人力资本的角度看，休闲体育产品既是消费品，也可以看作投资品。

三、休闲体育消费

休闲体育消费是满足居民享受和发展需要的一种处于中高层次的消费。休闲体育消费是个人生活消费的一部分，更是现代生活消费中不可缺少的一部分。所以，居民休闲体育消费的水平高低，可从一个侧面反映人民的生活消费水平和生活质量，是衡量经济与社会发展水平的一个标尺。

（一）休闲体育消费的内涵

消费是人类社会经济活动的重要行为和过程。广义的消费包括生产消费和生活消费。休闲体育消费是指生活消费的部分。根据休闲体育与休闲的关系，休闲体育消费是休闲消费的一个分支。

从根本上讲，休闲体育消费是休闲体育产业存在的前提和动力，休闲体育消费的规模、结构、质量和效益决定着休闲体育产业的规模、结构、质量和效益。可以说，研究休闲体育消费对于推动休闲体育产业的发展有着重要的理论意义和现实意义。

从经济学视角可以将休闲体育消费的概念定义为：消费者以货币购买休闲体育产品获得休闲效用的消费行为。这一定义包括三个含义：

（1）强调其经济行为。即消费者通过支出一定货币形式，购买休闲效用。

（2）强调其产品特性。休闲体育消费客体具有休闲体育产品的特性。

（3）强调其终极目标。休闲体育消费终极目标是满足人们的休闲需求。

（二）休闲体育消费的类型

1. 观赏型休闲体育消费

观赏型休闲体育消费是指人们用货币购买各种体育赛事的观看权（如入场券及门票等），以观看和欣赏达到精神愉悦的休闲目的的各类消费行为。如通过现场和有线电视等观看各种体育竞赛和体育表演等。

2. 参与型休闲体育消费

参与型休闲体育消费是指人们用货币购买参加休闲体育活动权力、享受相应休闲体育服务的消费行为。参与型休闲体育消费是休闲体育消费的核心内容，也是最能反映休闲体育消费特征的一类消费。包括室内外的休闲体育健身消费和体育旅游消费等。

3. 实物型休闲体育消费

实物型休闲体育消费是指人们用货币购买各种与休闲体育活动有关的物质消费资料的行为。根据物质产品的用途，实物型休闲体育消费主要包括运动服装、运动护具、运动器材、户外休闲运动装备、运动健康食品、运动健康饮料等。

（三）休闲体育消费的特征

休闲体育消费与休闲消费具有共性：以充足的时间为前提、以较高的收入水平为基础、以满足享受和发展为主要内容、以体现消费者的个性和风采为主要特征。具体表现为以下几个方面：

1．有很强的消费自由性

休闲体育的消费具有明显休闲特征，即"自由"。这里的"自由"包括两个含义：其一，人们在自由时间里进行消费；其二，人们自由选择喜好的产品进行消费。人们在休闲中体验到的自由，比在其他一般情况下体验到的自由都更强烈，质量更高。

2．有很强的消费技能性

休闲体育消费是一种技能性消费，消费者必须具有一定水平的消费技能。因此，休闲体育消费能力属于特殊消费能力。在物质消费活动中，一般说来只要拥有产品就能消费。但是休闲体育消费则不同，它具有很高的消费能力的要求，即必须具备与休闲体育消费相适应的知识、经验和技能。一个要想得到休闲体育享受的人，他本身必须是一个有一定体育素养的人。比如，要想从观看一场高水平的足球比赛中得到享受，就必须对足球的训练和竞赛知识，尤其是裁判规则有相当的了解。另外，由于消费者休闲体育消费能力不同，即使面对相同的消费对象不同消费者也会表现出极大差异，这说明体育消费具有明显的层次性。休闲体育的技能越高，对体育项目理解越深刻，对休闲体育带来的感受也越充分。反之亦然。在现实生活中，经常会发现很多人因为受消费能力的制约而不能消费他们所喜爱的体育产品。

3．有很强的消费体验性

任何消费都带有体验的特征，但与一般产品不同的是休闲体育消费体验的过程更长。一般产品只限用于在产品的消费期间，而在消费之前或消费之后，消费者一般不能活动体验，或者即使有也只有较弱的体验。而休闲体育消费则不同，消费体验既可能出现在消费之前，也可能延续到消费结束之后。也就是说，人们在享受休闲体育产品时，其体验在准备阶段就开始了，而消费结束后，仍然可以回味休闲带来的体验。因为，消费一般产品更多的是感受消费结果，而休闲体育消费要体验消费的全过程，甚至在消费结束后还将延续一段时间。如看一场精彩的体育比赛，在赛前由于接收到种种信息就可能产生兴奋感，当比赛结束后，赛场上运动员高超的技艺、默契的战术配合等精彩场面都会给人留下难忘的记忆。

（四）休闲体育消费动机与行为

休闲体育消费动机产生于消费者对休闲体育消费需要，消费者的休闲体育消费行为出自一定的动机，而动机来自消费者自身的休闲体育需要和外在环境的培养。只有当消费者有了某种休闲体育需要并期望得到满足时，才会产生消费动机，并转化为消费行为。不同性别、年龄、文化、职业、收入的人，体育消费行为动机有一定的差异。

1. 休闲体育消费动机

休闲体育消费动机是指体育消费行为所要达到的目标，即体育消费的预期目标。我国消费者进行体育消费的目的主要包括以下几种：

（1）健身健美，增进健康。是指消费者为了达到健身、健美和娱乐消遣的目的进行休闲体育消费。

（2）调节身心，恢复机体。是指消费者为了恢复机体功能、促进健康而进行休闲体育消费。

（3）满足兴趣，修身养性。是指消费者为了满足自身爱好兴趣，提高修养和品位而进行休闲体育消费。

（4）观赏竞赛，消遣娱乐。是指消费者为了消遣娱乐而观赏高水平竞技体育比赛。

（5）社会交往，实现自尊。是指消费者为了提高自身能力，或为了交际、为了丰富生活等目的进行休闲体育消费。

2. 休闲体育消费行为

休闲体育消费行为是消费者行为的一种表现，休闲体育消费行为与购买休闲体育产品和服务有直接的关系。如果把休闲体育看作一种现象的话，休闲体育消费行为是休闲主体与影响它的所有变量之间的相互作用的结果。因此，可以将休闲体育消费行为定义为：休闲体育参与主体利用收入和时间等条件，为了满足休闲需要通过购买休闲体育产品而自发参与休闲活动的行为过程。休闲体育消费行为在本质上是动机引发的，但这种动机的产生也是来自长期意愿的积累和生活的计划。

休闲体育消费行为既是休闲主体的主观行为，又是休闲主体与休闲客体、休闲媒体之间的互相作用。总之，休闲体育消费行为是满足休闲需要的目标导向性行动，是满足休闲需要的一种艺术与科学。

休闲体育消费行为具有如下几个特点：

（1）休闲体育消费行为是休闲利用者自由选择的结果，是自发性行为。

（2）休闲体育消费行为是由动因引起的，需要金钱或时间等个人条件以及客体等诱因。

（3）休闲体育消费行为与人类需要，如健康、满足偏好、休息、转换心情、自我启发、社会成就、社会交往等，有着密切关系。

（4）不同的休闲体育行为带来的满足程度可能不同，后者受休闲客体质量和休闲体育产业服务水平的影响。

（5）休闲体育消费行为是一种人的空间移动，休闲利用者必须亲自接近休闲体育资源或体育设施。

（6）休闲体育消费行为的内容和形式具有动态性。随着外部环境和内部环境的不断变化，休闲体育消费行为也要不断发生变化。

（五）休闲体育消费结构

休闲体育消费结构是指在总体休闲体育消费过程中所消费的各种不同类型的休闲体育产品（包括体育劳务）的比例关系。休闲体育消费结构反映人们消费的具体内容、消费水平和消费质量，反映人们消费需要的满足状况。

以全社会或家庭为单位，目前最常用的体育消费结构是人们购买休闲体育用品、休闲体育装备、赛事门票、休闲体育健身等方面的消费之间的比例关系。我国休闲体育消费结构的现状是居民的实物型休闲体育消费比重远远大于劳务型休闲体育消费；不同经济地区的休闲体育消费水平和消费结构也有很大差异，如表 8-1 所示。

表 8-1　我国不同区域体育消费人数百分比

（单位：%）

消费项目	东部地区	中部地区	西部地区
购买运动服装鞋帽	67.4	63.9	66.1
购买体育器材	34.2	34.3	33.1
购买体育报刊图书	14.5	12.3	14.5
到体育场馆参加健身	13.5	10.9	10.8
观看体育比赛	5.3	5.1	5.3
其他消费	1.4	2.1	3.0

（六）休闲体育消费水平

休闲体育消费水平是指一定时期内按人口平均实际消费的休闲体育产

品数量。它反映的是对休闲体育消费需求的满足程度，即社会生产力和整个国民经济的综合指标。休闲体育消费水平可以用一定的货币数量来衡量。

休闲体育消费水平由休闲体育消费的本质属性决定，休闲体育消费水平实际上就是社会生产力和整个国家经济与社会发展综合指标的表达方式。

衡量休闲体育消费水平的指标主要包括三方面：

（1）休闲体育消费总额。它是用货币表示一定时期内的体育消费的总和，包括个人休闲体育消费与社会公共休闲体育消费和实体型休闲体育产品消费与劳务型休闲体育产品消费等。休闲体育消费总额可以反映休闲体育消费需要满足的程度和总水平。

（2）参与休闲体育消费的总人口数。它包括已就业人口数和非就业人口总数在内的全体公民。

（3）休闲体育消费结构。它是指各种体育消费品在体育总消费中的比例和相互关系，可以从不同角度反映居民体育消费被满足的程度。

四、休闲体育产业体系构建

休闲体育产业作为休闲产业的一个组成部分，主要由提供休闲体育用品的产业和提供休闲体育服务的产业两大部分构成，如图 6-3 所示。

图 6-3　休闲体育产业结构图

休闲体育用品产业主要是指为了实现休闲体育活动的开展，而生产休闲体育设备、设施、服装鞋帽等用品的组织集合。

休闲体育服务产业由体育赛事产业、休闲健身产业和体育旅游产业构成。

体育赛事产业是指那些为了满足人们休闲体育需求，提供体育竞赛表演等观赏型产品的组织集合。

体育旅游产业是指那些为了满足人们休闲需求，提供以体育运动为主要内容的旅游产品的组织集合。

休闲健身产业是指为了满足人们休闲健身的需求，提供各种体育健身产品与服务的组织集合。

第三节 休闲体育产业的经济功能及发展趋势

休闲体育产业对国家和社会的发展体现出一个新兴产业的经济功能，在许多发达国家已经成为支柱型产业，在国民经济体系中占显著地位。

一、休闲体育产业的经济功能

（一）发展休闲体育产业，促进国民经济增长

2016 年年底，据美国有关机构估算，美国休闲体育产业 2015 年增加值约为 4850 亿美元。其中，美国的休闲健身业市场占美国整个体育产业的三分之一左右，2015 年全美有 30 500 个健康俱乐部，会员达 5020 万人，获得 2180 亿美元收入。美国四大职业体育联盟有着巨大的影响力和创造财富的能力。据调查，约有 27.9% 的美国人是美国国家橄榄球联盟（NFL）的球迷，12.9% 的美国人是美国职棒大联盟（MLB）的球迷，9.6% 的美国人是美国国家篮球联盟（NBA）的球迷，外加国家冰球联盟（NHL），四大联盟目前的年收入在 230 亿美元左右。另外，美国体育设备零售额每年 410 亿美元。

英超足球联赛是世界上最有影响的足球联赛。2015－2016 赛季，英国足球四个级别联盟共 92 个俱乐部的总收入首次超过了 30 亿英镑，英国职业足球向政府的纳税总额为 13 亿英镑。

2016 年自行车运动共向英国经济贡献了 29 亿英镑，相当于每名自行车骑行者年平均贡献 230 英镑。英国家庭平均每周用于体育锻炼的场地门票费、器材租用费和休闲课程培训费为 6.7 英镑。

2015－2016 年，澳大利亚的休闲体育俱乐部、运动队和职业体育领域的收入在以提供服务为主的运动休闲产业中收入最高（18.841 亿澳元），营业利润最高的项目是休闲体育场地设施（利润率 8.1%，利润 9010 万澳元），第二高的是休闲体育支持服务（利润率 15%，利润 8570 万澳元）。玩具和体育用品生产商的总收入为 5.2 亿澳元，利润为 2900 万澳元，就业人数为 3564 人；玩具和体育用品批发商的总收入为 35.175 亿澳元，利润为 2.537 亿澳元。运动和露营装备的零售额为 22.703 亿澳元，船舶器材的零售额为 11.032 亿澳元。

2016 年韩国体育产业规模为 22 兆韩元。2012 年职业体育赛事的观众人数为 860 万，2016 年提高到 1200 万，意味着每四个韩国人中就有一人去现场看比赛。韩国把传统体育项目跆拳道包装成商品化的旅游项目，修建跆拳道公园，使公园成为旅游必经场所。

这些数据表明休闲体育产业已经成为各发达国家经济中不容忽视的部分，为经济发展提供了一个充满活力的增长点。

（二）发展休闲体育产业增加就业机会，减少失业人口

从经济学角度讲，一个国家不管发展得怎样，只要有较高的失业率，大批的工人靠救济生活，就不能说该国的经济发展态势良好。发展休闲体育产业可以促进消费，给国家解决失业问题，对经济有极大的促进作用。2016年美国休闲体育产业吸纳的就业人口已超过 450 万。另据美国劳工统计局2016 年公布的数据显示，仅在竞技体育方面，就有 13 880 名专业运动员，206 808 名教练与审核员，16 410 名裁判员等比赛官员。在英国 2016 年与体育相关的就业人数约为 44 万，占英国总就业人口的 2.3%。日本政府休闲体育企业在各地设立了 44 000 个办事处，雇用员工 47 万人。2016 年，澳大利亚休闲体育产业吸纳的就业人数为 9 万人左右，其中在玩具和体育用品生产业的就业人数为 8336 人，露营装备零售业有 18 558 名雇员，船舶器材零售业有 4039 名雇员。

（三）发展休闲体育产业促进产业结构调整和优化

休闲体育产业属于较高级的消费需求，它的兴起必然会引导人们对休闲服务产生更多样化的需求。为了适应人们的多样化需求，必然要提供一些新的产品或服务，从而带来服务业内部供给结构的一系列变化，催生一些新的产业和部门，使得一个国家产业结构不断由低级向高级演进，最终改变传统的产业结构。因此，随着休闲体育产业的兴起，规模的逐渐扩大，产业能力的提高，将会增加其在服务产业内部的比重，从而改善产业结构。

（四）发展休闲体育产业促进关联产业发展，拉动消费需求

休闲体育产业是关联面很广的上游产业，与许多行业具有较强的产业关联度。根据著名的经济学家瓦西里·里昂节夫所创立的部门关联模型（借此模型通过分析计算部门间产品直接及多次间接互相消耗关系，可以计算

国民经济各部门的产业关联度），美国经济学家推算出休闲体育行业与其他部门的产业关联度，休闲体育产业的发展将带动与其相关的其他产业的发展。在美国经济结构现存的 42 个部门中休闲体育产业的关联度被列为第 8 位。休闲体育产业的产业关联度一方面表现在该产业与其他产业的直接与间接的消耗关系上，更重要的是表现在该产业与其他行业边缘交叉上。单一的休闲体育产业很难满足人们对休闲体育的多样化需求，还需依赖其他与休闲体育产业相关联的产业，如纺织、机械、建筑、电子、营养品、食品等制造业，以及旅游、保险、博彩、新闻媒体等服务业。

（五）发展休闲体育产业是进行人力资本投资的重要形式

人们通过参与休闲体育活动，可以促进身心发展、提高智力水平和健康水平，提高对外界刺激的敏感性和身心协调能力，最终提高人的综合素质。休闲体育消费不仅能带来当前的消费效用，还能给消费者带来未来的回报。可以给消费者在智力和体力两个方面带来投资效应。不仅提高了工作的效率，还减少旷工率，增加了出勤率。加拿大著名的体育专家奥帕茨指出：事实证明，身体健康和心情愉快的群体比身体不健康的群体较少受伤，工作效率高。

参加休闲体育活动，提高健康水平，减少了患病率，同时也减轻了国家负担，节约了医疗开支，对国民经济做出了重要贡献。1993 年加拿大由于疾病造成的损失总额为 440 亿美元，占保健费用的 62.58%。由于长期和短期的疾病而使生产力下降造成的经济损失为 1290 亿美元。加拿大政府 1998 年发表的《加拿大休闲体育》报告指出，休闲体育活动是最有效的、成本最低的增进健康、降低医疗保健费用的手段。加拿大经常参加休闲体育活动的人口每增加一个百分点，每年将减少治疗费用 10.3 亿美元；不爱运动的人口每下降 10%，将会给加拿大增加 50 亿美元的收入。

二、我国休闲体育产业发展趋势

据国家体育总局和统计局 2018 年在全国体育产业发展大会上的报告，初步统计 2019 年我国体育产业总产值约为 2.75 万亿元，比 2015 年增加了 61.76%（注：根据《国家体育总局 国家统计局联合发布 2019 年国家体育产业规模及增加值数据的公告》体育产业总产出为 1.7 万亿元），从结构上来看，体育服务消费的升级势头明显。据国家统计局网站 2018 年 7 月 17 日消息，2018 年上半年全国服务消费升级势头明显，全国居民人均体育健身活动支出增长 39.3%, 排名榜首, 远超排名 2 位至 4 位的旅馆住宿支出增长 37.8%, 医疗服务支出增长 24.6%, 交通费支出增长 22.8%。据中国产业信息网报道：2018 年全国体育产业总规模 2.4 万亿元, 同比增长 9.09%；实现增加值 8800 亿元, 同比增长 12.82%。

休闲体育在体育产业中具有十分重要的地位, 根据发达国家的数据和经验, 休闲体育服务业的产值约占体育产业总规模的 60% ~ 70%。从我国 2018 年的数据看, 我国居民人均休闲健身消费支出增长率异军突起, 为我国体育产业规模的发展起到十分重要的作用。

从年龄层次来看, 目前我们的国家机关、学校、事业单位的人员构成是两边大, 中间小, 20 岁到 30 岁以下, 50 岁以上的人群较少, 而 31 岁到 50 岁中青年群体人数众多, 他们正处于人的生理机能、身体状态由高走低的阶段, 休闲时间的多少与休闲生活质量对于其工作、生产状况、身体健康情况有着特殊意义。他们的学历层次普遍较高, 主要从事行政和资源管理类工作, 这部分群体多为室内长时间, 少运动量, 高强度的管理岗位办公类型, 这些人员的特点是有钱, 但没时间。休闲的两个要素是有钱和有时间, 现在很多中国人有钱了, 但有时间的问题还没有解决。

城市的休闲体育空间作为居民休闲体育活动的载体, 不仅具备休闲娱乐的功能, 还具有一定的社会象征性功能。休闲体育作为当今社会休闲活动中的重要组成部分, 是城市居民保持身心健康、放松减压回归本我的一种重要活动方式, 人们愈加认识到参与休闲体育活动所带来的功效。城市作为一种社会空间的存在, 是一个连接多系统的结构空间模式, 把城市空间看作一个连续体, 合理距离内的空间整合。本研究团队曾对北京休闲体育空间做了一个研究, 根据休闲健身的距离, 把休闲体育分为四个圈层, 即住宅区休闲体育活动圈（1000 米以内）、社区休闲体育活动圈（1001 至 2000 米）、城区休闲体育活动圈（2001 至 10 000 米）和郊区休闲体育活动圈（10 001 米以上）。休闲体育每个圈层由于空间布局不同, 每个圈层的空间内容、特点和用途也不同。例如, 第一圈层是以小区为主, 主要解决就近休闲健身的问题, 场地设施主要是政府投放的公共体育设施活动人群以中老年人为主。第二圈层是社区为核心形成社区休闲体育活动圈, 范围包括小型公园和中型健身场所, 健身设施相对比较丰富。第三圈层以城区区域内的中、大型体育场馆为集中点形成了城区休闲体育活动圈。这个圈层范围内的休闲体育场地、设施数量较多, 交通便利, 规模大, 参与人数多。第四圈层的出行方式大多以私家车为主, 属于北京市居民休闲体育空间规划的边缘地带。该活动圈层内的休闲体育场所较之其他圈层数量上略少，但山地户外、登山、骑行、穿越等运动，可使中青年个性化休闲体育活动得到满足。

休闲体育将成为中国一种新的体育形态，从国民自发需求起步已成燎原趋势。休闲体育作为一种引领和促进人类健康的方式进入到人们的视线，作为一种新的生活方式和文化现象成为当今社会发展的重要方向和趋势。从传统体育理论的观点来看，体育由竞技体育、群众体育和体育产业构成，在这个维度中似乎没有休闲体育的位置。但休闲体育是一种新的体育形态，它既游离于传统体育的概念之外，又和竞技体育、群众体育和体育产业都发生密切关系。

随着我国经济发展的不断转型和升级，国务院发布了一系列以发展我国服务业、旅游业、休闲业和体育产业等为主的指导性文件，如《国务院办公厅关于印发国民旅游休闲纲要（2013－2020年）的通知》国办发[2013]10号、《国务院关于促进健康服务业发展的若干意见》国发[2013]40号、《国务院关于促进旅游业改革发展的若干意见》国发[2014]31号、《国务院关于加快发展体育产业促进体育消费的若干意见》国发[2014]46号等。这些文件的发布为我国休闲体育产业发展提供了政策保证，在全国范围内休闲体育产业得到各级政府和相关企业的高度重视，成为新时期的投资热点。在此背景下，我国休闲体育产业出现以下几个趋势：

（1）随着我国经济政策的调整，经济社会稳定发展和人民生活水平的不断提高，休闲体育逐渐成为城乡居民生活的组成部分，并成为生活方式，休闲体育消费逐渐成为生活消费的一部分。

（2）休闲体育产业将成为新的投资重点。随着政策导向和各级政府对休闲体育的重视，很多投资机构看好休闲体育产业这一新领域，休闲体育产业融资渠道进一步拓宽，在原有基础上将与资本进行结合，使休闲体育产业规模进一步扩大，逐渐成为国民经济发展中新的增长点。

（3）休闲体育产业结构进一步优化。休闲体育服务业在整个产业中的比重也将进一步扩大。除了传统的体育项目，如篮球、羽毛球、乒乓球、太极拳、健身操、跑步，一些像体育旅游业、户外运动业、高尔夫产业、滑雪业以及探险、攀岩、拓展、漂流等新兴运动也越来越受到消费者青睐。

（4）从供给侧结构改革视角看，休闲体育市场将提供多样化的休闲体育产品。休闲体育服务业的快速发展，将进一步带动休闲体育装备的消费，如休闲装备、服装鞋帽等，还将提供新型的满足居民消费需求的如探险型、时尚型、传统型等体验性休闲体育产品和高水平赛事等娱乐性休闲体育产品。

（5）休闲体育产业将与其他产业融合发展。休闲体育产业与休闲农业、旅游业、文化娱乐业将形成跨界、扩散、渗透、联动发展。

（6）随着体育产业的快速发展，休闲体育专业人才培养也更加受重视。休闲体育产业经营管理人才将成为新的需求热点。

参 考 文 献

[1] 刘远祥. 体育产业结构优化研究[M]. 济南：山东大学出版社，2015.

[2] 鲍明晓. 体育产业：新的经济增长点[M]. 北京：人民体育出版社，2000.

[3] 曹可强. 体育产业概论[M]. 上海：复旦大学出版社，2004.

[4] 陈爱辉. 我国体育产业政策变迁的研究[D]. 北京体育大学，2015.

[5] 陈鹏. 中国体育：亚运会后何去何从[J]. 瞭望（新闻周刊），2010（48）.

[6] 丛湖平. 体育产业理论与实践[M]. 北京：人民体育出版社，2006.

[7] 彭晶晶. 中国体育产业市场研究——基于 SCP 范式[D]. 武汉大学，2012.

[8] 江福云，江治宜. 我国竞技体育产业发展研究[J]. 体育文化导刊，2009(8).

[9] 李琛. 体育产业组织的人力资源范式研究[J]. 体育成人教育学刊，2013（29）.

[10] 李岚. 试论现代企业经营管理新理念[J]. 经营管理者，2016（06）.

[11] 李万来. 体育经营管理概论[M]. 北京：人民体育出版社，2006.

[12] 李骁天，王莉. 我国体育用品产业市场垄断与竞争分析——以市场行为为切入点[J]. 北京体育大学学报，2008（31）.

[13] 李银珠. 税收筹划——现代企业经营管理新理念[J]. 企业经济，2004（07）.

[14] 刘平江. 体育俱乐部的经营与管理[M]. 北京：北京航空航天大学出版社. 2014.

[15] 马海涛，谢文海. 国际大都市体育产业组织路径的经验与启示[J]. 世界地理研究，2012（21）.

[16] 唐豪. 中国竞技体育产业市场研究[M]. 上海：学林出版社，2005.

[17] 王海娜. 竞技体育产业发展研究——以山东省为例[D]. 山东农业大学，2012.

[18] 王宏达. 竞技体育产业可持续发展中的信任危机及其对策[J]. 文体用品与科技，2012（04）.

[19] 王子朴，原玉杰，詹新寰. 我国体育产业政策发展历程及其特点[J]. 上海体育学院学报，2008，（02）.

[20] 闻扬，杜力萍. 中国体育产业系统探讨[J]. 西南师范大学学报，2004.4

（29）.

[21] 吴超林. 体育产业经济学[M]. 北京：高等教育出版社，2004.

[22] 夏正清. 体育产业经营管理[M]. 西安：西安地图出版社，2011.

[23] 肖林鹏. 体育管理学[M]. 北京：北京师范大学出版社，2011.

[24] 杨俊祥，和金生. 知识管理内部驱动力与知识管理动态能力关系研究[J]. 科学学研究，2013（31）.

[25] 杨丽丽. 我国体育产业结构现状与优化对策研究[D]. 上海体育学院，2013.

[26] 杨铁黎. 体育产业概论[M]. 北京：高等教育出版社，2010.

[27] 张贵敏. 体育市场营销学[M]. 上海：复旦大学出版社，2006.

[28] 钟天朗. 体育服务业导论[M]. 上海：复旦大学出版社，2008.

[29] 钟天朗. 体育经营管理：理论与实务[M]. 上海：复旦大学出版社，2004.

[30] 吴超林. 体育产业经济学[M]. 北京：高等教育出版社，2004.

[31] 佟贵锋，杨树叶. 民族传统体育与文化[M]. 大连：大连理工大学出版社，2015.

[32] 戴国斌. 民族传统体育概论[M]. 2版. 北京：高等教育出版社，2015.

[33] 杨建成. 民族传统体育发展研究[M]. 南京：河海大学出版社，2015.

[34] 王飞. 我国体育产业发展的制度创新研究[M]. 北京：北京体育大学出版社，2015.

[35] 丛湖平. 体育产业理论与实践[M]. 北京：人民体育出版社，2006.